1000 Quiz-Fragen für Kinder

Daniel Seiler

Impressum

Bibliografische Information der Deutschen Nationalbibliothek:
Die Deutsche Nationalbibliothek verzeichnet diese Publikation in der
Deutschen Nationalbibliografie; detaillierte bibliografische Daten sind im
Internet über http://dnb.dnb.de abrufbar.

Lektorat: Vorname Name oder Institution
Korrektorat: Vorname Name oder Institution
weitere Mitwirkende: Vorname Name oder Institution

Herstellung und Verlag: BoD – Books on Demand, Norderstedt

ISBN: 9783755760702

Alle Angaben ohne Gewähr; Stand der Redaktion: Herbst 2021

I

Tiere

Welcher der folgenden Vögel kann nicht fliegen?
Rabe
Strauß (*)
Storch
Elster

Eine Biene ist ein...
Säugetier
Insekt (*)
Fisch
Vogel

Welches Tier ist ein Beuteltier?
Orangutan
Elefant
Erdmännchen
Koala (*)

Ein Tausendfüßler hat etwa wie viele Füße?
ca. 400 (*)
ca. 30
ca. 1.000
ca. 30.000

Was fehlt einer Nacktschnecke?
Partner
Steine
Haus (*)
Rohr

Was ist eine Schwarze Witwe?
Vogel
Spinne (*)
Maus
Fliege

Wie schlafen Giraffen?
im sitzen
auf dem Rücken
im liegen
im stehen (*)

Ein männliches Pferd ist ein...
Bulle
Hengst (*)
Rappe
Wallach

Wie heißen die Nasenlöcher eines Pferdes?
Nasenlöcher
Hufe
Nüstern (*)
Zetern

Wie viele Beine hat eine Spinne?
2
4
6
8 (*)

Woran erkennt man ein Löwenmännchen?
An der Mähne (*)
An der Fellfarbe
Am Schweif
An den Augen

Zu welcher Familie gehört der Wal?
Fische
Säugetiere (*)
Reptilien
Keine davon

Wie heißt die größte Schlange der Welt mit bis zu 9m Länge?
Anakonda (*)
Riesennatter
Python
Kreuzotter

Welche Vogelfamilie gilt als besonders intelligent?
Nachtigallen
Falkenvögel
Hühnervögel
Rabenvögel (*)

Woran erkennt man den Pfeilgiftfrosch?
An den Giftzähnen
An den roten Augen
An der grellbunten Farbe (*)
An den Krallen

Wie nennt man das, wenn ein Tier ein anderes, gefährlicheres Tier immitiert?
Mimikry (*)
Pantomime
Maskerade
Camouflage

Wie viele Einzelaugen haben Libellen?
Bis zu 6
Bis zu 100
Bis zu 1000
Bis zu 30000 (*)

Welche Farbe hat die Haut des Eisbären?
Weiß
Schwarz (*)
Rosa
Gelblich

Welche Vögel können ihren Kopf um 180°, also fast ganz im Kreis drehen?
Eulen (*)
Hühner
Spatzen
Meisen

Bis zu wie viel kann eine Ameise tragen?
Ihr Eigengewicht (*)
2 Mal ihr Eigengewicht
5 Mal ihr Eigengewicht
10 Mal ihr Eigengewicht

Wie alt können Schildkröten werden?
ca. 50 Jahre
ca. 100 Jahre
ca. 200 Jahre (*)
ca. 500 Jahre

Wie teilen Bienen ihren Artgenossen mit, wo es Blumen gibt?
Mit Lauten
Mit Duftstoffen
Mit Tanzen (*)
Mit Augenkontakt

Welches Tier knabbert gerne Autokabel an?
Spitzmaus
Räderratte
Marder (*)
Igel

Was machen Erdkröten, wenn sie sich bedroht fühlen?
Sie knurren
Sie springen davon
Sie plustern sich auf (*)
Sie stellen sich tot

Welcher Greifvogel ernährt sich hauptsächlich von Knochenmark?

Aasgeier
Steinadler
Turmfalke
Bartgeier (*)

Welches Tier ist nicht mit Krokodilen verwandt?

Kaiman
Alligator
Raptor (*)
Gavial

Welche Spinne macht kein Netz?

Springspinne (*)
Vogelspinne
Kreuzspinne
Zitterspinne

Woraus bestehen die Stoßzähne der Elefanten?

Elefantenzahn
Perlmutt
Elfenbein (*)
Koboldhau

Welcher Fisch kann sich am Land fortbewegen?

Schlammspringer (*)
Waldkriecher
Quastenflosser
Grasforelle

Welcher Vogel lässt sein Ei von anderen Vogelmüttern ausbrüten?

Kakadu
Kuckuck (*)
Goldkehlchen
Zausling

Wie heißt der Vogel, der glitzernde Dinge stielt und sammelt?
Elster (*)
Kolkrabe
Diebsmeise
Goldhuhn

Wie nennt man das Stadium zwischen Raupe und Schmetterling?
Verwandlung
Vernetzung
Verpuppung (*)
Pubertät

Bis zu wie schnell kann ein Gepard laufen?
42 km/h
54 km/h
75 km/h
93 km/h (*)

Wie sieht eine Fliege?
Doppelt so schnell
Schwarz-Weiß
in Zeitlupe (*)
Besonders scharf

Welches heute noch lebende Tier hat den stärksten Biss im Tierreich?
Krokodil (*)
Weißer Hai
Hyäne
Löwe

Wie groß wird der Riesensalamander?
20cm
50cm
1m
1,5m (*)

Welches Tier hält keinen Winterschlaf?
Murmeltier
Bär
Wolf (*)
Igel

Welcher Affe ist kein Menschenaffe?
Gorilla
Lemur (*)
Bonobo
Orang-Utan

Wo leben die Lemuren?
Indonesien
Amazonas
Ägypten
Madagaskar (*)

Wie nennt man die Verwandlung von der Kaulquappe zum Frosch?
Metamorphose (*)
Metastase
Metatransmutation
Metaphysik

Wie nennt man die Brautwerbung bei vielen Tieren?
Balz (*)
Ball
Brautschau
Balkan

Welche Tiere haben die schärfsten Augen?
Libellen
Luchse
Greifvögel (*)
Hunde

Welcher Vogel schlägt so schnell mit den Flügeln, dass er in der Luft stehen kann?
Rebhuhn
Schwalbe
Fink
Kolibri (*)

Wie heißt die giftigste Schlange der Welt?
Inlandtaipan (*)
Schwarze Mamba
Ringelnatter
Königskobra

Was können Eidechsen tun, um ihre Fressfeinde zu verwirren?
Die Farbe wechseln
Den Schwanz abwerfen (*)
Sich totstellen
Laut zischen

Welches Tier ist gut für den Boden und die Pflanzen?
Nacktschnecke
Regenwurm (*)
Engerling
Schmetterlingsraupe

Welche Insekten legen eigene Gärten an?
Goldrandkäfer
Marienkäfer
Waldbiene
Blattschneiderameise (*)

Zu welcher Familie gehört der Pinguin?
Vögel (*)
Fische
Meeressäuger
Reptilien

Auf welche Pflanze stehen Katzen besonders?

Katzengras
Katzenkamille
Katzenminze (*)
Katzensalbei

Welches Tier zählt nicht zu den Spinnentieren?

Weberknecht
Einsiedlerkrebs (*)
Zecke
Skorpion

Märchen

Wer hilft Aschenputtel, die Linsen zu sortieren?
Tauben (*)
Mäuse
Esel
Schwestern

Welche Farbe hat die Mütze von Rotkäppchen?
Rot (*)
gelb
grün
blau

Wer stach sich mit einer Spindel in den Finger?
Dornröschen (*)
Aschenputtel
Schneewittchen
Prinzessin

Welchem Beruf geht der Vater von Hänsel und Gretel nach?
Holzfäller (*)
Bäcker
Matrose
Fleischer

Wer möchte einen Ball besuchen?
Cinderella (*)
Aschenputtel
Frau Holle
Der gestiefelte Kater

Mit wem unternimmt Max gemeinsam seine Streiche?
Moritz (*)
Mümmel
Michel
Magda

Was fällt der Königstocher im Märchen „Der Froschkönig" in den Brunnen?

goldene Kugel (*)
silberner Pantoffel
die Spindel
Sack voll Gold

Wie heißt die Schwester von Hänsel?

Gretel (*)
Greta
Gretchen
Gabriele

Wie heißt die Schwester von Schneeweißchen?

Rosenrot (*)
Schneewittchen
Schneeflocke
Frau Holle

Wie heißt das Märchen, in dem eine Tochter mit Gold und die andere mit Pech überschüttet wird?

Frau Holle (*)
Die unglücklichen Töchter
Goldschwester und Pechschwester
Der Teufel mit den drei goldenen Haaren

Was entdeckt der Hans im Märchen „Hans und die Bohnenranke", als er die riesige Bohnenranke hochklettert?

ein riesiges Schloss (*)
ein winziges Haus
ein Stück Gold
eine Tür

Was soll die Tochter des Müllers im Märchen „Rumpelstilzchen" zu Gold spinnen?

Wolle
Stroh (*)
Flachs
Heu

Was fällt den beiden Mädchen im Märchen „Goldmarie und Pechmarie", nacheinander in den Brunnen?

eine goldene Kugel
ein silberner Ring
eine Spindel (*)
einen Krug

Wo versteckt sich das letzte Geißlein, das im Märchen „der Wolf und die sieben Geißlein" nicht vom Wolf gefunden wird?

im Schrank
unter dem Bett
hinter dem Sofa
im Uhrenkasten (*)

Was legen die Geißlein dem Wolf in den Bauch?

Wackersteine (*)
Kieselsteine
nichts
Süßigkeiten

Warum wird der Jäger im Märchen „Rotkäppchen" aufmerksam, als er am Haus der Großmutter vorbei ging?

jemand hat laut geschrien
jemand hat leise gewimmert und geweint
jemand hat laut geschnarcht (*)
er wollte der Großmutter sowieso Kuchen und Wein bringen

Was schüttelt Frau Holle aus, damit es auf der Erde schneit?

Kopfkissen
Federbetten (*)
seidene Tücher
sie klopft ihre Teppiche aus

Was misst die Hexe im Märchen „Hänsel und Gretel" jeden Tag?

wie dick und fett Gretels Finger geworden ist
wie heiß der Backofen ist
wie dick und fett die Gans im Stall bereits ist
wie dick und fett Hänsels Finger ist (*)

Auf was fliegt der kleine Hävelmann durch die dunkle Nacht?
Teppich
Besen
Bett mit Rollen (*)
Flugzeug

Was wollten die Bremer Stadtmusikanten in Bremen machen?
Urlaub machen
Räuber überlisten
als Schauspieler arbeiten
Bremen Musik machen (*)

Was hat der Kaiser im Märchen „des Kaisers neue Kleider" an, als er durch an seinen Untertanen vorüber ging?
Kleider vom Hofschneider
goldenes Gewand mit silbernen Fäden
nichts, er war nackt (*)
gewickeltes, großes Leinentuch

An was gehen die Mädchen im Märchen „Frau Holle" vorbei?
Backofen und Apfelbaum (*)
Bauernhof und Apfelbaum
Apfelbaum und Birnenbaum
Backofen und Birnenbaum

Was finden Hänsel und Gretel im Hexenhaus, als Sie die Hexe tot war?
Lebkuchen
andere Kinder, die Hänsel und Gretel befreien können
Hexenbesen
Gold, Silber und Edelsteine (*)

Welche Farbe hat der kleine Schwan im Märchen „hässliches Entlein" zu Beginn des Märchens?
braun
schwarz (*)
grau
weiß

Was findet Schneewittchen im Wald?
Bär
Großmutter
Zwergenhaus (*)
Prinz

Wer befreit das Rotkäppchen und die Großmutter aus dem Wolfsbauch?
Jäger (*)
Rotkäppchens Mutter
Förster
die sieben Geißlein

Was verkauft Zwergnase auf dem Markt?
Obst
Eier
Milch
Gemüse (*)

An was erstickt Schneewittchen?
Stück Brot
vergifteten Apfel (*)
Stück Kuchen
vergifteten Birne

Was verliert Aschenputtel auf der Treppe?
hölzernen Schuh
goldenen Schuh
gläsernen Schuh (*)
silbernen Schuh

In was verwandelt sich der Zauberer, im Märchen „der gestiefelte Kater" zum Schluss?
in einen Elefanten
in eine Ratte
in einen Tiger
in eine Maus (*)

Was ruft der Prinz im Märchen Rapunzel?

lass dein Haar herunter (*)
lass das Seil herunter
lass die Leiter herunter
wo ist die Eingangstür

Wie viele Jahre schläft Dornröschen?

1000 Jahre
10 Jahre
100 Jahre (*)
1 Jahr

Wer schneidert die Kleider für den Kaiser im Märchen „des Kaisers neue Kleider"?

ein Betrüger (*)
ein bekannter Hofschneider
ein Zauberer
ein Freund des Kaisers

Wer ist bei den Bremer Stadtmusikanten mit dabei?

Kuh, Esel, Katze, Hahn
Esel, Ziege, Hund, Katze
Esel, Katze, Hahn, Maus
Esel, Hund, Katze, Hahn (*)

Wie fängt der Rattenfänger von Hameln die Ratten?

Käfig
Speck
Flötenmusik (*)
Geigenmusik

Was fällt im Märchen „Sterntaler" vom Himmel?

Sterne
Goldstücke (*)
Schneeflocken
Edelsteine

Wie kommt der Wolf zu den sieben Geißlein ins Haus?
sie haben das Fenster offen gelassen
sie öffnen dem Wolf die Tür (*)
er kommt durch den Kamin
die Haustüre steht offen

Warum ist die böse Stiefmutter auf Schneewittchen eifersüchtig?
Schneewittchen ist 10 mal schöner als sie
Schneewittchen hat eine schönere Frisur
Schneewittchen ist tausend mal schöner als sie (*)
Schneewittchen ist beliebter als sie

Wie viele Fliegen erwischt das tapfere Schneiderlein auf einen Streich?
6
10
2
7 (*)

Wie groß ist Däumeline?
so groß wie ein Apfel
so groß wie ein Daumen (*)
so groß wie eine Haselnuss
so groß wie ein Zwerg

Was schneiden Schneeweißchen und Rosenrot dem Zwerg ab?
Finger
Haare
Bart (*)
Krawatte

Was finden die Bären im Märchen „Goldlöckchen" in ihrem Bett?
ein schlafendes Mädchen (*)
eine schnarchende Großmutter
ein Bärenkind
einen müden Jägersmann

Wer sind die Raben im Märchen „die sieben Raben"?

Prinzen
vermisste Brüder (*)
Dorfbewohner
vermissten Schwestern

An was sticht sich Dornröschen?

Dornen
Messer
Spindel (*)
Nadel

Wer besucht Schneeweißchen und Rosenrot im Winter?

Fuchs
Bär (*)
Waschbär
Großmutter

Was kauft die alte Hexe am Stand von Zwergnase?

Kohlköpfe (*)
Kartoffeln
Karotten
Erbsen

Was kommt bei Aladdin aus der Wunderlampe?

Fee
Geist (*)
Wasser
Prinzessin

Warum wirft die Prinzessin den Froschkönig an die Wand?

sie will das Bett nicht mit ihm teilen (*)
es passiert versehentlich
der Frosch springt gegen die Wand
sie will nicht mit ihm zusammen spielen

Wie viele Zwerge wohnen im Haus mit Schneewittchen?

8

5

4

7 (*)

In was verwandelt sich das Biest im Märchen „die Schöne und das Biest"?

Zauberer

Prinz (*)

Kutscher

Müller

Natur

Welcher dieser Pilze ist giftig?
Fliegenpilz (*)
Steinpilz
Champignon
Krause Glucke

Wie heißt die Frucht der Buche?
Eichel
Buchecker (*)
Tannenzapfen
Nuss

Was gehört nicht in die Natur?
Bäume
Blumen
Abfall (*)
Steine

Welcher dieser Bäume ist ein Laubbaum?
Ahorn (*)
Tannenbaum
Fichte
Latsche

Wie nutzen uns Bäume und Pflanzen am meisten?
Sehen schön aus
Heimat für Tiere
Schutz vor Wetter
Durch Fotosynthese (*)

Auf welchem Baum findet man Tannenzapfen?
Tanne (*)
Eiche
Buche
Esche

Welche dieser Pflanzen kann man essen?
 Tulpe
 Brennnessel (*)
 Gardenie
 Vogelbeeren

Welcher dieser Bäume hat eine weiße Rinde?
 Tannenbaum
 Ahorn
 Esche
 Birke (*)

Welcher dieser Pflanzen sind giftig?
 Mohn
 Löwenzahn
 Bogelbeeren (*)
 Brennessel

Welche Baumart findet man in unseren Wäldern besonders häufig?
 Mammutbaum
 Ahorn
 Fichte (*)
 Douglasie

Was schadet unserer Natur nicht?
 Verkehr von Autos
 Abgase durch Industriegebiete
 Abfall im Wald wegwerfen
 Spazieren gehen im Wald (*)

Welche Pflanze brennt auf der Hautoberfläche?
 Löwenzahn
 Brennnessel (*)
 Kleeblatt
 Kamille

Welche Pflanze hat beruhigende Wirkung?

Sauerampfer
Gras
Salbei
Johanniskraut (*)

Wo wachsen Quitten?

An Bäumen
An Sträuchern (*)
Im Boden
An Berghängen

Welches Schweineart lebt im Wald?

Hausschwein
Wildschwein (*)
Erdferkel
Warzenschwein

Wo wachsen die meisten Pilzarten?

In Kiesgruben
Im Wald (*)
Im Garten
In Gewächshäusern

Wo wird ein Jägerzaun errichtet?

Im Garten (*)
Auf Wiesen
Im Wald
Auf Müllhalden

Wie welche Vögel sind nachts aktiv?

Eulen (*)
Krähen
Spatzen
Drossel

Wie nennt man kleine Bäume aus Asien?
Bonsai (*)
Birkenbaum
Fichte
Ahorn

Welche Farben haben rohe Kaffeebohnen vor dem Rösten?
Blau
Gelb
Braun
Grün (*)

Wohin verirren sich Hänsel und Gretel?
Wald (*)
Wiese
Gebirge
Stadt

Wo wächst der Enzian?
Wald
Weide
Garten
Gebirge (*)

Wo findet man Seerosen?
Im Gewächshaus
Im Teich (*)
Auf der Wiese
Auf Bäumen

Welche Pflanze schmeckt bitter?
Veilchen
Rosen
Krokus
Löwenzahn (?)

Welcher Pilz wächst auf Wiesen und im Wald?
Birkenpilz
Steinpilz
Morchel
Champion (?)

Welches ist der giftigste Pilz?
Satanspilz
Fliegenpilz
Knollenblätterpilz (*)
Gifthäubling

Welche Blumen blühen auch bei Schnee?
Tulpen
Narzissen
Rosen
Schneeglöckchen (?)

Welche Gewürzpflanze wächst in heimischen Gärten?
Pfeffer
Paprika
Curcuma
Petersilie (*)

Welche Art Rasen wird in Fußballstadien verwendet?
Spielrasen
Zierrasen
Rasenteppich
Englischer Rasen (*)

Wo wachsen Kakteen?
Am Nordpol
In der Wüste (*)
Im Garten
Im Wald

Welche farbigen Insekten tummeln sich auf Wiesen?
Heuschrecken
Grillen
Raupen
Schmetterlinge (*)

Wie nennt man den Sitz der Jäger?
Bürostuhl
Fernsehsessel
Kinderstuhl
Hochsitz (*)

Wie nennt man den Vogel der mit seinem Schnabel Löcher in Bäume macht?
Drossel
Eule
Adler
Specht (*)

Welcher Fisch kommt in Bächen vor?
Zander
Hecht
Bachforelle (*)
Wels

Welcher Baum hat dunkelrote Blätter?
Birke
Kastanienbaum
Eiche
Blutahorn (*)

Welche Baumart zählt zu den Nadelbäumen?
Birke
Apfelbaum
Birnbaum
Fichte (*)

Welches Tier nennt man Meister Petz?
  Wolf
  Fuchs
  Reh
  Bär (*)

Welche Bärenart lebt am Nordpol?
  Braunbär
  Grizzly
  Eisbär (*)
  Schwarzbär

Welche Vögel ernähren sich von Aas?
  Adler
  Geier (*)
  Falken
  Tauben

Welche Katzenart wird als König bezeichnet?
  Tiger
  Hauskatzen
  Puma
  Löwe (*)

Welche Vogelart kann sprechen?
  Kanarienvogel
  Kakadu
  Tauben
  Papagei (*)

Welcher Klee ist ein Glückssymbol?
  Wiesenklee
  Vierblättriger Klee (*)
  Weißklee
  Sauerklee

Wie nennt man ein kleines Wäldchen?
Hain (*)
Miniwald
Laubwald
Nadelwald

Was ist die teuerste Pilzart?
Steinpilz
Champion
Trüffel (*)
Marone

Welche Pflanze hilft bei Magenbeschwerden?
Kamille (*)
Sanddorn
Löwenzahn
Maiglöckchen

Welche Blume ist das Symbol der Liebe?
Tulpen
Veilchen
Rote Rosen (*)
Krokus

Wer ist der König der Lüfte?
Geier
Taube
Amsel
Adler (*)

Welche Berufsart sorgt für Ordnung im Garten?
Gärtner (*)
Taubenzüchter
Hundezüchter
Imker

Welches Insekt produziert Honig?

Wespe
Fliege
Mücke
Biene (*)

Welches Tier kann Briefe transportieren?

Adler
Falke
Krähe
Brieftaube (*)

Umweltschutz

Welche Deutsche Partei steht für Umweltschutz?
Die SPD
Die CDU
Die FDP
Die Grünen (*)

Warum schaden Kohlekraftwerke der Umwelt?
Luftverschmutzung (*)
Nehmen Platz weg
Sind hässlich
Vögel prallen an die Schornsteine

Warum ist CO2 in der Luft ein Problem?
Erwärmt die Atmosphäre für längere Zeit und stark (*)
Verdunkelt den Himmel
Zerstört Ozon
Ist giftig

Was hat man früher mit Atommüll gemacht?
Ihn ins Meer gekippt (*)
Ihn ordentlich verwahrt
Ihn aufbereitet
Ihn ins Weltall geschossen

Welche Erneuerbare Energie kann man aufs Dach packen?
Windkraftanlage
Solaranlage (*)
Gezeitenkraftwerk
Wasserkraft

Was ist das Problem mit Atommüll?
Er strahlt radioaktiv (*)
Er nimmt Platz weg
Er stinkt
Er zieht Ungeziefer an

Was hat man mit vielen Sümpfen gemacht?
Sie trockengelegt (*)
Sie mit Müll beladen
Dort nach Öl gesucht
Dort Wälder angelegt

Warum sind Bienen wichtig?
Für den Honig
Für Bestäubung der Pflanzen (*)
Als Gegengewicht zu Wespen
Als Einnahmequelle für Imker

Was passiert mit Korallenriffen, wenn sich das Meer erwärmt?
Sie bleichen aus und sterben ab (*)
Sie werden größer
Sie sind genauso wie vor Jahrzehnten
Es gibt keine Korallenriffe

Wie nennt man die Liste, wo bedrohte Tierarten stehen?
Rote Liste (*)
Blaue Liste
Schwarze Liste
Gelbe Liste

Wie nennt man die derzeitige Veränderung der Erdatmosphäre und deren Folgen?
Klimawandel (*)
Atmosphärenänderung
Turbulenzen
Jetstream

Was nennt man die "grüne Lunge der Erde"?
Den Amazonas-Regenwald (*)
Asien
Den Kongo in Afrika
Den deutschen Wald

Warum sind Bäume so wichtig?

Sie tun der Seele gut
Sie sind Holzlieferanten
Sie bieten Nahrungsquellen
Sie wandeln Kohlenstoffdioxid in Sauerstoff um (*)

Was passiert, wenn alles Eis geschmolzen ist?

Es wird kälter
Die Meere steigen an (*)
Es passiert gar nichts
Es gibt mehr Bäume

Warum ist Hitze ein Problem?

Asphalt schmilzt
Lebewesen können sich irgendwann nicht mehr kühlen (*)
Weihnachten könnte für immer ausfallen
Man kann kein Eis mehr essen

Warum ist Recycling so wichtig?

Rohstoffe werden geschont (*)
Es ist einfach nett
Man macht Eltern stolz
Man spart Geld

Was machen Bohrinseln?

Bohrkerne für die geologische Forschung erstellen
Schiffe auf hoher See retten
Sonnenstrahlung messen
Nach Öl bohren (*)

Was sollte fossile Energieträger ersetzen?

Atomstrom
Erneuerbare Energien (*)
Es gibt keine Alternative
Vakuumfluktuation

Was sind fossile Energieträger?
Umgeformtes Gestein
Abgestorbene Lebewesen von vor Millionen Jahren (*)
Vergorenes Wasser
Bernstein aus der Dinosaurierzeit

Was speichert mehr CO2 als alles andere?
Der Regenwald
Die Menschen
Die Meere der Welt (*)
Die Wüsten der Welt

Was machen Treibhausgase?
Sie sind giftig
Sie fördern Sauerstoff
Sie bilden Wolken
Sie speichern Wärmestrahlung (*)

Was machen Autos mit Verbrennungsmotor?
Die Luft säubern
Das Klima schützen
Nachhaltigkeit fördern
Die Luft verschmutzen (*)

Was braucht man für Atommüll?
Rakete, um es ins All zu schießen
Endlager, zum Lagern (*)
Einen anderen Reaktortyp
Ein Gewässer, zum Versenken

Fleisch sollte man ... ?
Am besten in Maßen essen (*)
So viel wie möglich davon essen
Roh essen
Immer selbst jagen und zubereiten

Wie lange bleibt CO2 in der Luft?
Einzige Jahrzehnte
Einige Jahre
Einige Jahrhunderte (*)
Für immer

Welches Treibhausgas ist fast dreißigmal schädlicher als CO2?
Sauerstoff
Helium
Methan (*)
Stickstoff

Wie nennt man es, wenn viele Tierarten/Biotope auf einmal verschwinden?
Aussterben
Massensterben (*)
Wegsterben
Versterben

Welche Tiere verschwinden in großem Maß?
Säugetiere und Reptilien
Insekten und Vögel (*)
Reptilien und Amphibien
Säugetiere und Amphibien

Warum ist es problematisch, dass Insekten verschwinden?
Übernehmen wichtige Grundaufgaben in Ökosystemen (*)
Es ist einfach schade, weil sie niedlich sind
Es ist gar nicht problematisch
Man kann weniger Mückenspray verkaufen

Wie wirken Bäume innerhalb einer Stadt?
Sie behindern den Verkehr und das Parken
Sie bieten Nahrung an
Sie locken Waschbären an
Wie Klimaanlagen durch Verdunstung (*)

Was hat man vor, mit CO2 zu machen?
Umwandeln
Einfangen (*)
lassen, wo es ist
Verbrennen

Welches Ziel hat man im Pariser Klimaabkommen vereinbart?
1,5 Grad (*)
2 Grad
2,5 Grad
3 Grad

Was macht der Feinstaub?
Gelangt in die Lunge und löst verschiedene Krankheiten aus (*)
Sorgt für den Hausstaub
Ist kein Problem
Wird zu CO2

Was passiert, wenn die Luft wärmer wird?
Sie kann mehr Wasser speichern und es gibt mehr Unwetter (*)
Sie kann weniger Wasser speichern und es wird trockener
Sie kann besser geatmet werden
Sie kann schlechter geatmet werden

Wie nennt man es, wenn ein Fluss über die Ufer tritt?
Vielwasser
Schnellwasser
Hochwasser (*)
Breitwasser

Warum sollte der Mensch seine Umwelt schützen?
Er ist von ihr abhängig (*)
Es ist einfach schön
Man kann sie ausbeuten
Man hat was in der Freizeit zu tun

Der Mensch ist ... ?
  unabhängig
  Teil eines eigenen Ökosystems (*)
  nicht schuld am Klimawandel
  ein friedliches Tier

Warum sind Moore und Sümpfe so wichtig?
  Man kann Atommüll sicher lagern
  Speichern viel CO2 (*)
  Viele Leichen aus früheren Epochen
  Schätze sind zu finden

Wenn alle Menschen auf der Erde so leben würden wie die Deutschen, wie viele Erden bräuchte man dann?
  3 (*)
  2
  1,5
  5

Verschwindet der Wald, dann ... ?
  verschwinden die Tiere mit (*)
  passiert gar nichts
  ist mehr Platz für Gebäude
  berührt es den Menschen nicht

Welche Form der Energiegewinnung wird seit Jahrzehnten erforscht?
  Warp-Antrieb
  Antimaterie
  Kernfusion (*)
  Dyson-Sphäre

Welche junge Frau hat 2018 eine große Klimabewegung der Jugend ins Leben gerufen?
  Angela Merkel
  Luisa Neubauer
  Greta Thunberg (*)
  Annalena Baerbock

Woraus werden Benzin und Diesel hergestellt?

Erdöl (*)
Erdgas
Wasserstoff
Lithium

Wegen welcher Energieform gibt es Bürgerproteste in einigen Regionen?

Solar
Windkraft (*)
Gezeitenkraft
Biomasse

Auf was setzen viele Menschen ihre Hoffnung in Sachen Antrieb?

Helium-Luftschiffe
Super-Dynamos
Methanautos
Synthetische Kraftstoffe (*)

Wann fing der Mensch an, Kohle und Öl zu verbrennen?

Steinzeit
Antike
Mittelalter
Industrielle Revolution (*)

Welche Aktion startet immer wieder in einigen Regionen?

Müllsammel-Aktion (*)
Grill-Aktion
Sitz-Aktion
Einkauf-Aktion

Was ist der Antrieb für Hurrikans?

Wind
Kaltes Wasser
Warmes Wasser (*)
Land

Was stoßen Kühe in großem Umfang aus, was in Massen schädlich ist?

Sauerstoff
Wasserstoff
Methan (*)
Helium

Wie heißt die 1971 gegründete berühmteste Umweltorganisation?

Greenpeace (*)
Redwar
Blueshift
Yellowsubmarine

Deutschland

Wie heißt der höchste Berg Deutschlands?
Zugspitze (*)
Großer Arber
Brocken
Mount Everest

Welches Bundesland ist das größte in Deutschland?
Thüringen
Bayern (*)
Hessen
Saarland

Welche Stadt ist die Bundeshauptstadt?
Berlin (*)
Hamburg
Stuttgart
Frankfurt/Main

An welches der folgenden Meere grenzt Deutschland an?
Nordsee (*)
Mittelmeer
Atlantik
Pazifik

Welches Land grenzt nicht an Deutschland?
Belgien
Polen
Italien (*)
Schweiz

Welche deutsche Stadt wird mit einem Rattenfänger in Verbindung gebracht?
Bremen
Hameln (*)
Berlin
Köln

Wie oft wurde Deutschland bisher (Stand 2017) Fußball-Weltmeister?

1 Mal
3 Mal
4 Mal (*)
8 Mal

Welche Farben hat die deutsche Flagge?

Schwarz-Rot-Gold (*)
Schwarz-Blau-Gelb
Grün-Weiß-Rot
Blau-Weiß

Welche deutsche Stadt ist kein Bundesland?

Berlin
München (*)
Hamburg
Bremen

Welches Tier ist das deutsche Wappentier?

Ochse
Taube
Bär
Adler (*)

In welchem deutschen Bundesland leben die meisten Menschen?

Bayern
Nordrhein-Westfahlen (*)
Niedersachsen
Berlin

Aus welcher Region kommen die bekannten Kuckucksuhren?

Schwarzwald (*)
Nordseeküste
Allgäu
Thüringer Wald

Wie heißt der längste Fluss in Deutschland?

Rhein (*)
Main
Donau
Elbe

Wie viele Bundesländer gibt es in Deutschland?

12
9
16 (*)
14

In welchem Jahr wurde die Bundesrepublik Deutschland gegründet?

1949 (*)
1959
1990
1963

Welcher Verein wurde am häufigsten Deutscher Fußball Meister (Stand 2021) ?

1.FC Nürnberg
Bayern München (*)
Borussia Dortmund
Hamburger Sport Verein

Welches Bundesland hat die meisten Einwohner?

Baden-Württemberg
Bayern
Nordrhein-Westfalen (*)
Sachsen

Welche deutsche Stadt hat mehr als drei Millionen Einwohner?

Berlin (*)
Köln
München
Frankfurt am Main

In welchem Jahr wurde die Berliner Mauer errichtet?
1961 (*)
1963
1971
1990

Wer war der erste Bundeskanzler der Bundesrepublik Deutschland?
Helmut Schmidt
Konrad Adenauer (*)
Willy Brandt
Helmut Kohl

An welchen Standorten finden traditionell die deutschen Springen der Vierschanzentournee statt?
Schonach & Oberstdorf
Villlingen & Garmisch-Partenkirchen
Oberstdorf & Garmisch-Partenkirchen (*)
Titisee-Neustadt & Bischofshofen

Welcher deutsche Formel 1 Fahrer gewann sieben Weltmeisterschaften, darunter fünf mit Ferrari?
Sebastian Vettel
Nico Rosberg
Michael Schumacher (*)
Heinz-Harald Frentzen

Wer dichtete die Nationalhymne von Deutschland?
Friedrich Schiller
Hermann Hesse
August Heinrich Hoffmann von Fallersleben (*)
Johannes Brahms

Wer erhielt den Nobelpreis der Literatur im Jahr 1999 für den Roman "Die Blechtrommel"?
Hermann Hesse
Günther Grass (*)
Johann Wolfgang Göthe
Friedrich Nietzschke

An welchem Tag wird die deutsche Wiedervereinigung von West- und Ostdeutschland gefeiert?

17.Juni
3.Oktober (*)
1.Mai
24.Dezember

Wie heißt Deutschland größter See?

Chiemsee
Starnberger See
Bodensee (*)
Ammersee

Wie hieß die deutsche Währung in der Bundesrepublik Deutschland von 1948 bis 2001?

Reichsmark
Rentenmark
Deutsche Mark (*)
Mark

Wie heißt Deutschlands größte Insel?

Usedom
Sylt
Rügen (*)
Borkum

Welcher Deutsche gilt als Erfinder des Automobils?

Gottlieb Daimler
Carl Benz (*)
Ferdinand Porsche
Wilhelm Maybach

In welcher Stadt befindet sich der Deutsche Bundestag?

Berlin (*)
Bonn
Frankfurt am Main
Hamburg

Wie viele Länder grenzen direkt an Deutschland?
7
9 (*)
12
10

In welcher deutschen Stadt fanden die Olympischen Spiele im Jahr 1972 statt?
Berlin
München (*)
Hamburg
Bremen

In welcher Stadt befindet sich die Siegessäule mit der "Goldelse"?
Stuttgart
Weimar
Berlin (*)
Bremen

Wie wird die erste Demokratie Deutschlands von 1918-1933 genannt?
Berliner Republik
Weimarer Republik (*)
Bundesrepublik
Deutsch Demokratische Republik

Welche Stadt besitzt die Stadtmusikanten als Wahrzeichen?
Hamburg
Bremen (*)
Dresden
Leipzig

Welcher Fluss fließt durch die Hansestadt Hamburg?
Weser
Elbe (*)
Donau
Oder

Welche große deutsche Persönlichkeit ist als Kanzler der Einheit bekannt?

Helmut Schmidt
Gerhard Schröder
Helmut Kohl (*)
Willy Brandt

Welche Stadt ist für seine Lebkuchen weltberühmt?

München
Nürnberg (*)
Fürth
Bergisch-Gladbach

In welcher Stadt befindet sich das Bundesverfassungsgericht?

Stuttgart
Karlsruhe (*)
Mannheim
Kaiserslautern

Wie heißt der höchste Berg des Schwarzwaldes?

Belchen
Großer Arber
Feldberg (*)
Fichtelberg

Welche Automarke hat in Wolfsburg seine Heimat?

Audi
VW (*)
BMW
Rolls-Royce

Wo finden alljährlich die Richard-Wagner-Festspiele statt?

Bayreuth (*)
Fürth
Nürnberg
Fulda

In welcher Stadt wurde das Völkerschlachtsdenkmal als Gedenken an den Sieg über Napoleons Truppen errichtet?

Dortmund
Augsburg
Leipzig (*)
Dresden

In welcher Stadt befindet sich die Museumsinsel, unter anderem mit dem Bodemuseum und dem Pergamonmuseum?

Frankfurt am Main
Berlin (*)
Rostock
Duisburg

Welcher Deutsche erhielt den ersten Friedensnobelpreis für seinen Einsatz zur Versöhnung mit Frankreich nach dem ersten Weltkrieg ?

Willy Brandt
Gustav Stresemann (*)
Carl von Ossietzky
Ludwig Quidde

In welcher Stadt findet das Oktoberfest oder im Volksmund als "Wiesn" bekannte Volksfest statt?

Berlin
Hamburg
Bochum
München (*)

In welchem Bundesland befindet sich das Ruhrgebiet?

Saarland
Rheinland-Pfalz
Nordrhein-Westfalen (*)
Niedersachsen

Welcher Ort gilt als Wiege der deutschen Demokratie?

Weimar
Bonn
Potsdam
Hambacher Schloss (*)

Welche Stadt war 28 Jahre lang durch eine Mauer geteilt?
Potsdam
Berlin (*)
Weimar
Leipzig

In welcher Stadt hat die Deutsche Bundesbank ihren Hauptsitz?
München
Stuttgart
Frankfurt am Main (*)
Frankfurt an der Oder

Europa

Wie viele Sterne hat die EU-Flagge?
12 Sterne (*)
28 Sterne
5 Sterne
18 Sterne

Tulpen und Käse sind typisch für welchen europäischen Staat?
Italien
Polen
Niederlande (*)
Ungarn

Wie heißt die Hauptstadt von Spanien?
Madrid (*)
Barcelona
Mailand
Sevilla

Seit welchem Jahr können EU-Bürger mit dem Euro bezahlen?
2010
1990
2002 (*)
2000

Die grüne Insel ist der welcher europäische Staat?
Irland (*)
Schweden
Belgien
Kasachstan

Wo sitzt das europäische Parlament?
Straßburg (*)
Paris
Berlin
Brüssel

Welches europäische Land ist wie ein Stiefel geformt?
Griechenland
Schweden
Frankreich
Italien (*)

Welches Land gehört nicht zu den sogenannten Benelux Ländern?
Niederlande
Norwegen (*)
Luxemburg
Belgien

Die kleine Meerjungfrau stammt aus welcher europäischen Stadt?
Athen
Kopenhagen (*)
Wien
Oslo

Wie hoch ist der Eiffelturm in Paris?
250 Meter
118 Meter
324 Meter (*)
99 Meter

Was ereignete sich am 9. November in Berlin?
Der Mauerfall (*)
Die Eröffnung des KaDeWe
Das Finale der Fußballeuropameisterschaft
Eine Sonnenfinsternis

In welcher europäischen Stadt gehört das Atomium zu den Wahrzeichen?
Bern
Berlin
Brüssel (*)
Helsinki

Welches dieser Länder ist nicht Teil Großbritanniens?
England
Wales
Schottland
San Marino (*)

In welchem europäischen Land ist der Euro kein offizielles Zahlungsmittel?
Deutschland
Frankreich
Schweden (*)
Irland

Wie heißt der größte Berg Europas?
Zugspitze
Mont Blanc (*)
Matterhorn
Großglockner

Welches europäische Land schenkte den Amerikanern die berühmte Freiheitsstatue?
Österreich
Ungarn
Finnland
Frankreich (*)

In welchem europäischen Land gibt es keinen König oder Königin?
Schweden
England
Island (*)
Norwegen

Gemessen an der Fläche ist welches Land das kleinste Europas?
Vatikanstadt (*)
Litauen
Niederlande
Polen

Welches dieser Länder liegt nicht gleichzeitig in Europa und Asien?

Russland
Türkei
Rumänien (*)
Kasachstan

Wo fand das Finale der Fußballeuropameisterschaft 2021 statt?

Wien
Amsterdam
London (*)
Berlin

Die Europäische Union besteht derzeit aus wie vielen Staaten?

16
27 (*)
31
23

Welcher dieser Flüsse fließt nicht in Europa?

Donau
Rhein
Rhone
Rio Grande (*)

Wie heißt die Hauptstadt von Bulgarien?

Sofia (*)
Victoria
Sarah
Monika

In welchem See treibt das Seeungeheuer Nessie sein Unwesen?

Genfersee
Loch Ness (*)
Müritzsee
IJsselmeer

Um Mickey Maus im Eurodisney zu besuchen, musst Du in welches Land reisen?

Norwegen
Monaco
Tschechien
Frankreich (*)

In welchem Land werden Nudeln Pasta genannt?

Zypern
Türkei
Italien (*)
Lettland

Wer ist der bekannteste Bewohner der Vatikanstadt?

Der Papst (*)
Angela Merkel
Lothar Matthäus
Sebastian Vettel

Welches ist kein Gebirge in Europa?

Die Alpen
Die Pyrenäen
Die Dolomiten
Die Rocky Mountains (*)

Welche deutsche Stadt hat die meisten Einwohner?

Köln
Berlin (*)
Hamburg
München

Wann war der Baubeginn des Schiefen Turms von Pisa

1763
1173 (*)
1455
1892

Griechenland gilt als die Wiege ...?
Des Internets
Des Taschenrechners
Der Olympischen Spiele (*)
Des Buchdrucks

Fish and Chips ist eines der Nationalgerichte in welchem Land?
England (*)
Russland
Belgien
Slowenien

Wann fand die Osterweiterung der Europäischen Union statt?
Mai 2004 (*)
Juli 2002
September 2005
Januar 1999

Welches Abkommen hat das Ende der Grenzkontrollen in der EU eingeläutet?
Das Maastricht Abkommen
Das Osloer Abkommen
Das Stuttgarter Abkommen
Das Schengener Abkommen (*)

Wie viele Zeitzonen gibt es in Europa?
1
4
7 (*)
10

Welches europäische Land führte zuerst die Sommerzeit ein?
Dänemark
Österreich (*)
Estland
Luxemburg

Wie heißt die Hauptstadt von Island?
Reykjavik (*)
Husavik
Grimsey
Dalvik

Was ist der Name des größten Musikwettbewerbs Europas?
Die goldene Gitarre
The Song of the Year
Eurovision Song Contest (*)
Musik für Millionen

In welchem Land wird Midsommar gefeiert?
Frankreich
Schweden (*)
Spanien
Belgien

Welches Land gilt als das Heimatland des Weihnachtsmannes?
Polen
Malta
Portugal
Finnland (*)

Seit wann ist Elizabeth II. die Königin von England?
Februar 1952 (*)
Dezember 1980
Mai 1968
September 1992

Quasimodo war der Glöckner welcher Kirche?
Kölner Doms
Sagrada Familia
Petersdom
Notre Dame de Paris (*)

Welche italienische Stadt ist durchzogen von Wasserstraßen?
Florenz
Venedig (*)
Mailand
Rom

Die Farbe Orange wird mit welchem Land in Verbindung gebracht?
Niederlande (*)
Ungarn
Malta
Andorra

Wie viele Menschen leben in Europa?
981 Millionen
361 Millionen
522 Millionen
746 Millionen (*)

In welchem Land wird jährlich der Friedensnobelpreis vergeben?
Belgien
Deutschland
Schweden (*)
Schweiz

Welche europäische Nationalhymne hat keinen Text?
Die Spanische (*)
Die Griechische
Die Walisische
Die Französische

Wie viele Landessprachen gibt es offiziell in der Schweiz?
1
2
3
4 (*)

Das Brandenburger Tor befindet sich in welcher europäischen Hauptstadt?

Paris
Lissabon
Berlin (*)
Bukarest

Wie lautet die Abkürzung der europäischen Welttraumorganisation?

CDE
ESA (*)
MOG
YWE

Länder dieser Erde

Welches Land hat die nördlichste Hauptstadt der Welt?
Finnland
Island (*)
Russland
Norwegen

Welches Land ist flächenmäßig das Größte in Europa?
Deutschland
Polen
Spanien
Frankreich (*)

Welche beiden Länder haben die meisten Nachbarstaaten, also angrenzenden Staaten?
Deutschland & Österreich
Frankreich & Schweiz
China & Russland (*)
USA & Kanada

Die größte Stadt der Welt (nach Einwohnern) liegt in...
Japan (*)
Indien
Brasilien
Ägypten

Was ist das flächenmäßig größte Land der Erde?
USA
Kanada
Russland (*)
Deutschland

Wie viele Länder grenzen an Deutschland?
8
9 (*)
10
11

Was ist das jüngste Land der Welt? (Stand Juli 2019)

Kosovo
Süd-Sudan (*)
Kroatien
Tschechische Republik

Welche Nation besitzt die meisten Einwohner?

Russland
China (*)
USA
Weiß-Russland

Welches Land hat den offiziell längsten Ländernamen?

Kiribati
Korea
Großbritannien (*)
Mazedonien
*Das Vereinigte Königreich Großbritannien und Nordirland

Was ist das älteste Land der Welt?

China
Griechenland
Italien
Ägypten (*)

Wie viele Staaten gibt es auf der Erde? (Stand: Juli 2019)

77
190
193 (*)
247

Wie heißt das kleinste Land der Welt?

San Marino
Vatikan (*)
Monaco
Gibraltar

Welche türkische Stadt liegt auf der Grenze von Asien und Europa?
Ankara
Izmir
Istanbul (*)
Antalya

Wie viele Kontinente gibt es?
5
6
7 (*)
8

Zu welchem Land gehören die meisten Inseln?
Griechenland
Indonesien (*)
USA
Deutschland

Auf welchem Kontinent liegt die Elfenbeinküste?
Afrika (*)
Südamerika
Australien
Asien

In welchem Land ist die südlichste Stadt der Welt?
Südafrika
Italien
Argentinien (*)
Thailand

Welches Land wird "Land der tausend Seen" genannt?
Kroatien
Finnland (*)
China
Deutschland

Welches Land ist gleichzeitig die größte Insel der Welt?
Australien
Japan
Grönland (*)
Madagaskar

Welches Land ist offiziell das kälteste der Welt?
Kanada
Russland (*)
Norwegen
Dänemark

Welches Land Europas hat die meisten Einwohner?
Frankreich
Spanien
Deutschland (*)
Serbien

In welchem Land ist der höchste Berg der Welt?
Nepal (*)
China
Brasilien
Österreich

Welches Land Afrikas hat die meisten Einwohner?
Marokko
Südafrika
Äthiopien
Nigeria (*)

In welchem Land liegt der heißeste Ort der Welt?
Ägypten
Iran (*)
Australien
Saudi-Arabien

Welche große Wüste geht durch fast ganz Nordafrika?
Sahara (*)
Gobi
Arabische Wüsten
Sonora-Wüste

In welchem Land liegt die Stadt Mumbai?
Spanien
Vietnam
Peru
Indien (*)

Welcher Kontinent ist der größte?
Afrika
Asien (*)
Australien
Europa

Wie viele Länder umfasst Großbritannien?
1
2
4 (*)
6

In welchem Land zahlt man mit Yen?
Südkorea
Türkei
Mongolei
Japan (*)

In welchem afrikanischen Land liegt die historische Stadt Timbuktu?
Ägypten
Mali (*)
Tansania
Nigeria

In welchem Land sind Deutsch, Französisch, Italienisch und Rätoromanisch Amtssprachen?

Österreich
Luxemburg
Liechtenstein
Schweiz (*)

Welches Land hat in seinem Mutterland die meisten Zeitzonen?

USA
Russland (*)
Indien
Brasilien

Durch welchen Kontinent fließt der Amazonas?

Südamerika (*)
Afrika
Nordamerika
Asien

Welches diese Länder hat die längste Küstenlinie?

Spanien
Japan
Kanada (*)
Italien

In welchem Land stehen die berühmten Pyramiden von Gizeh?

Tunesien
Algerien
Ägypten (*)
Marokko

Aus welchem Land dürfen die Einwohner nicht einfach ausreisen?

Nordkorea (*)
Senegal
Demokratische Republik Kongo
Nepal

Welches Land ist mit nur 180 Kilometer Breite das schmalste der Welt?

Italien
Chile (*)
Mexiko
Dschibuti

Welcher Kontinent hat mehr als 50 Länder?

Asien
Südamerika
Europa
Afrika (*)

In welcher Stadt liegt das höchste Gebäude der Welt?

Dubai (*)
Peking
Tokio
New York

Wie viele Bundesstaaten hat die USA?

20
76
50 (*)
30

Welches dieser Länder liegt auf der Balkanhalbinsel?

Indonesien
Griechenland (*)
Portugal
Südkorea

Welches europäische Land besteht zu 75 % aus Waldfläche?

Schweden (*)
Deutschland
Spanien
Rumänien

Welches Land hat Griechenland als auch Iran als Nachbarland?
Bulgarien
Irak
Türkei (*)
Armenien

In welchem Land liegen die wichtigen islamischen Pilgerorte Mekka und Medina?
Algerien
Jordanien
Syrien
Saudi-Arabien (*)

Welches Land grenzt nicht direkt an die USA und ist ihm dabei am nächsten?
Russland (*)
Kuba
Panama
Kolumbien
Hinweis: Alaska gehörte früher zu Russland und ist nur 85 Kilometer vom heutigen Russland entfernt.

Welche Stadt ist auch als "die ewige Stadt" bekannt?
Paris
Peking
Rom (*)
Kairo

Welches südamerikanische Land grenzt an zehn weitere Länder?
Kolumbien
Argentinien
Ecuador
Brasilien (*)

Welches Land in Europa ist Afrika am nächsten?
Italien
Frankreich
Griechenland
Spanien (*)

Zwischen welchen beiden Ländern findest du die längste Grenze?

Deutschland und Polen
China und Russland
USA und Kanada (*)
Algerien und Marokko

In welcher Stadt liegt der größte Hafen der Welt?

Tokio
Singapur (*)
Barcelona
New York

In welchem asiatischen Land liegt der Fluss Ganges?

Myanmar
Indien (*)
Malaysia
Vietnam

Von welchem Land ist Bukarest die Hauptstadt?

Thailand
Neuseeland
Rumänien (*)
Namibia

Welches afrikanische Land ist das südlichste?

Ghana
Südafrika (*)
Uganda
Somalia

Welches Land erinnert in seiner Form an einen Stiefel?

Italien (*)
Chile
Portugal
Finnland

Weltall

Wie heißt der größte Planet in unserem Sonnensystem?
Mars
Jupiter (*)
Pluto
Merkur

Wie hieß der erste Mensch, der den Mond betreten hat?
George Washington
Neil Armstrong (*)
Horst Seehofer
Horst Lichter

Wie viel Zeit vergeht bis die Erde einmal die Sonne umkreist hat?
1 Stunde
1 Tag
1 Monat
1 Jahr (*)

Wie nennt man die Explosion eines Sternes?
Todesstern
Astroplosion
Supernova (*)
Planet

Was ist die NASA?
Ein Space Shuttle
Die größte Raumfahrtbehörde (*)
Eine Planetenkette
Ein Treibstoff für Raketen

Wie viele Planeten gibt es in unserem Sonnensystem?
Sechs
Sieben
Acht (*)
Neun

Wie heißt die Raumstation, die seit einigen Jahren die Erde umkreist, und auf der auch schon ein Deutscher als Kommandant tätig ist/war?

MIR
ISS (*)
USA
RSA

Wie gelingt es dem Mond, zu leuchten?

Durch Leuchtfarbe
Durch Photosynthese
Durch Sterne
Durch die Sonne (*)

Welcher Planet ist am nähesten an der Sonne?

Merkur (*)
Venus
Jupiter
Saturn

Welches Sternzeichen gibt es nicht?

Wassermann
Krebs
Erdmännchen (*)
Zwilling

Welcher Planet ist der größte Gesteinsplanet?

Merkur
Venus
Erde (*)
Mars

Warum leuchtet die Sonne?

Kernspaltung von Uran
Kernfusion von Wasserstoff zu Helium (*)
Kohle wird verbrannt
Metall, was glüht

Wie weit ist die Sonne von der Erde entfernt?
10 Millionen Kilometer
1 Million Kilometer
150 Millionen Kilometer (*)
10 Milliarden Meter

Welche zwei Planeten waren in der Antike nicht bekannt?
Uranus & Neptun (*)
Saturn & Merkur
Venus & Merkur
Mars & Jupiter

Wie heißt die nächste große Galaxie?
Andromedagalaxie (*)
Krebsnebel
Pferdekopfnebel
Star-Wars-Galaxie

Wie heißt der zur Sonne nächstgelegene Stern?
Proxima Centauri (*)
Beteigeuze
Sirius
Polarstern

Wie groß ist die Milchstraße?
100.000 Lichtjahre (*)
500.000 Lichtjahre
10 Lichtstunden
200 Lichtwochen

Auf welchem Planeten ist der höchste Berg?
Erde
Mars (*)
Venus
Jupiter

Wie nennt man Planeten jenseits des Mars?

Gasriesen (*)
Großplaneten
Hinterriesen
Titanplaneten

Was ist im Zentrum von Galaxien?

Große Schwarze Löcher (*)
Nebel
Sterne
Vakuum

Wie viel Masse des Sonnensystems entfällt auf die Sonne?

88,74 %
51 %
99,86 % (*)
47 %

Was ist das häufigste Element im Universum?

Sauerstoff
Kohlenstoff
Stickstoff
Wasserstoff (*)

Wie alt ist die Erde?

66 Millionen Jahre
54.000 Jahre
4,6 Milliarden Jahre (*)
10 Milliarden Jahre

Wie begann (mutmaßlich) das Universum?

Urknall (*)
Schöpfung
Gar nicht, es war schon immer da
Große Taufe

Was sind Schwarze Löcher?

Portale in ein anderes Universum
Unendlich verdichtete Masse eines toten Sterns (*)
Sterne, die nicht mehr leuchten
Ausgang von Wurmlöchern

Welche Farbe hat Neptun?

Blau (*)
Rot
Gelb
Weiß

Warum ist Pluto kein Planet?

Zu klein (*)
Zu weit weg
Zu spät entdeckt
Er ist jetzt ein Mond

Welche beiden Planeten haben keine Monde?

Saturn & Neptun
Venus & Merkur (*)
Jupiter & Mars
Mars & Uranus

Welcher Planet hat den längsten Tag?

Erde
Venus (*)
Merkur
Uranus

Welcher Planet hat den kürzesten Tag?

Mars
Neptun
Merkur
Jupiter (*)

Welcher Planet ist als Abend- und Morgenstern bekannt?

Jupiter
Venus (*)
Merkur
Mars

Wie nennt man die Planeten im inneren Sonnensystem?

Erdplaneten
Gesteinsplaneten (*)
Kleine Planeten
Kernwelten

Wie nennt man Planeten außerhalb des Sonnensystems?

Alienwelten
Fernwelten
Außenplaneten
Exoplaneten(*)

Wie wird unsere Sonne enden?

Roter Riese & Weißer Zwerg (*)
Roter Riese & Schwarzes Loch
Roter Riese & Neutronenstern
Sie brennt ewig weiter

Wann hat man erstmals nachgewiesen, dass die Erde eine Kugel ist?

15. Jahrhundert
20. Jahrhundert
Frühes Mittelalter
Antike (*)

Welcher ist der größte Mond im Sonnensystem?

Erdmond
Titan
Europa
Ganymed (*)

Welchen Durchmesser hat die Sonne?
10,8 Millionen Kilometer
500.000 Kilometer
1,4 Millionen Kilometer (*)
88 Milliarden Kilometer

Welche Planeten haben Ringe?
Nur Saturn
Alle vier Gasriesen (*)
Saturn & Mars
Venus & Saturn

Welcher Planet hat die heißeste Oberfläche?
Merkur
Erde
Venus (*)
Jupiter

Welcher Himmelskörper neben Sonne und Mond kann auf der Erde einen Schatten werfen?
Jupiter
Merkur
Mars
Venus (*)

Welcher Planet hat fast dieselbe Zusammensetzung wie die Sonne?
Saturn
Neptun
Uranus
Jupiter (*)

Welcher irdische Kontinent teilt sich seinen Namen mit einem Mond?
Asien
Afrika
Australien
Europa (*)

Wann hat eine Sonde zum ersten Mal Neptun besucht?
1966
1933
1989 (*)
1993

Wer hat zuerst die Monde des Jupiter gesehen?
Galileo Galilei (*)
Isaac Newton
Sokrates
Archimedes

Als was galten Planeten lange Zeit?
Götter (*)
Engel
Dämonen
Normale Sterne

Welchen Durchmesser hat das beobachtbare Universum?
9 Millionen Lichtjahre
139 Millionen Lichtjahre
8,9 Milliarden Licht Jahre
93 Milliarden Lichtjahre (*)

Wie viele Sterne, die es je geben wird, sind bereits entstanden?
39 %
95 % (*)
10 %
0,1 %

Wie viele Galaxien gibt es im beobachtbaren Universum?
10 Millionen
124 Millionen
20 Milliarden
2 Billionen (*)

Wie heiß ist es im Kern der Sonne?

10 Millionen Grad
15 Millionen Grad (*)
10 Milliarden Grad
15 Milliarden Grad

Warum ist der Mars rot?

Er "rostet" (*)
Rotes Vulkangestein
Rotes Gras
Optische Täuschung

Sport

Wie heißt das Spielgerät beim Eishockey?
Duck
Ball
Puck (*)
Pank

Aus wie vielen Spielern besteht eine Fußballmannschaft?
13 Spieler
11 Spieler (*)
9 Spieler
10 Spieler

In welcher Sportart wurde Katherina Witt Olympiasiegerin?
Im Gewichtheben
Im Eiskunstlauf (*)
Im Boxen
Im Fechten

Wie viele Punkte werden bei einem getroffenen Freiwurf im Basketball vergeben?
Ein Punkt (*)
Zwei Punkte
Drei Punkte
Vier Punkte

Wie lange geht in der Regel ein Basketballspiel?
vier Viertel (*)
drei Viertel
zwei Viertel
ein Viertel

Wie viele Sätze muss ein Volleyballteam für sich entscheiden, damit es gewinnt?
Ein Satz
Zwei Sätze
Drei Sätze (*)
Vier Sätze

Wie heißt der schnellste Mensch der Welt?
Maike Small
Peter Lindson
Joy Lynn
Usain Bolt (*)

Bei welcher Sportart ist der Ball nicht rund?
Fußball
Basketball
Volleyball
American Football (*)

Wozu benutzt man eine "Slackline"?
um zu klettern
um zu balancieren (*)
um zu springen
um zu schwimmen

Was benötigt man für das "Bouldern"?
eine Schanze
eine Kletterwand (*)
einen See
eine Rampe

Turner reiben ihre Hände immer vor dem Wettbewerb ein. Mit welchem Mittel tun sie das?
Mit Mehl
Mit Magnesiumcarbonat (*)
Mit Sonnenblumenöl
Mit Salz

Für diesen Extremsport braucht starken Nerven.
Wasserski
Bungeespringen (*)
Yoga
Flummispringen

Mike Powell hat den Weltrekord im Weitsprung aufgestellt. Wie weit ist er gesprungen?

8,95 Meter (*)
10,30 Meter
7,56 Meter
6,21 Meter

Der Begriff "Ballotté" gehört zu welcher Sportart?

Fechten
Ballett (*)
Zweikampf
Schwimmen

Wie viel Meter darf ein Schwimmer im Wettkampf nach dem Start höchstens unter Wasser sein?

3 Meter
6 Meter
10 Meter
15 Meter (*)

Aus welchem südamerikanischen Land stammte Diego Maradona?

Brasilien
Paraguay
Chile
Argentinien (*)

Die Startaufstellung beim Basketball nennt man ...

Running Five
Playing Five
Starting Five (*)
Beginning Five

Welches Land war der erste Fußballweltmeister?

Uruguay (*)
Italien
Ungarn
Brasilien

Wie heißt der chinesische Entspannungssport des Schattenboxens?

Kung-Fu
Qigong
Fengshui
Tai-Chi (*)

Wie heißt der Befehl zum Ausführen der Wende der Segel?

Rundachtern!
Lee!
Ree! (*)
Weh!

Wie nennt man im Eiskunstlauf einen Schritt mit halber Drehung und Kantenwechsel?

Choctaw (*)
Butterfly
Birdy
Chocnow

Wann wurden die Olympischen Sommerspiele von über sechzig Staaten boykottiert?

1979
1970
1980 (*)
2000

Wie hieß der finnische Wunderläufer?

Paawo Nurmi (*)
Stefan Alb
Mark Norten
Johannes Spitz

Was ist ein Merkmal beim Mannschaftssport Kabbadi?

Kein Spielgerät (*)
Acht Bälle gleichzeitig
Keine Regeln
Vier Stunden Spieldauer

Wie breit ist ein Hallenhandballfeld?
10 Meter
12 Meter
20 Meter (*)
15 Meter

Welche genannte Kampfausrüstung eines Thai-Boxers ist falsch?
Lange Hose (*)
Kurze Shorts
Handschuhe
Mundschutz

Welches Equipment braucht man für Brazilian Jiu Jitsu?
Shorts und T-Shirt
Badeanzug
Gi-Kimono (*)
Trainingsanzug

In welcher Sportart springt man "Rittberger" und "Axel"?
Eiskunstlauf (*)
Ballett
Dressurreiten
Basketball

Nach welchem Vogel wurde ein Täuschungsmanöver beim Fußball benannt
Drossel
Schwalbe (*)
Fink
Wellensittich

Wie heißen die boxenden Klitschko-Brüder mit Vornamen?
Wladiyslaw und Ivan
Lolik und Bolik
Wladimir und Vitali (*)
Stefan und Alex

In welcher Stadt fand das Endspiel der Fußball-Weltmeisterschaft 2006 statt?

Berlin (*)
Zürich
Düsseldorf
Stuttgart

In welcher olympischen Disziplin können nur Frauen eine Medaille bekommen?

Boxen
Synchronschwimmen (*)
Eishockey
Ballett

Wie wird ein Lattentreffer im Fußball noch genannt?

Dempley-Tor
Wembley-Tor (*)
Dumping
Gegentor

Mit welchem Trick können Kajakfahrer sich aus einer schwierigen Lage retten?

Robbenschraube
Pinguindrehung
Eskimorolle (*)
Eskimoschraube

Wann wurde der deutsche Fußball-Bund gegründet?

1900 (*)
1890
2000
1950

Welche Fußball-Spielerposition wurde früher auch als Halbspieler bezeichnet?

Torwart
Stürmer
Mittelfeldspieler (*)
Schiedsrichter

Welche Fußballmannschaft war als erste deutsche Mannschaft 2000 an der Börse notiert?

RB Leipzig
Schalke 01
Bayer 04 Leverkusen
Borussia Dortmund (*)

In welchem Jahr war die Geburtsstunde des Basketballs?

1891 (*)
1910
1955
1855

In welchem Sport gab es in der ersten Hälfte des 19. Jahrhunderts die Verpflichtung zum Tragen von Knie-. Ellenbogen-, und Schienbeinschonern?

Fußball
Basketball (*)
Leichtathletik
Ballett

Wie nennt man es, wenn ein Basketballspieler den Ball von oben in den Korb "stopft"?

Dunk (*)
Dribbling
Korbleger
Crossover

Womit beginnt ein Basketballspiel?

Einwurf
Dribbling
Sprungball (*)
Freistoß

Bei welchem Sport ändert sich nach einer Disqualifizierung eines Spielers nicht die Anzahl der Spieler auf dem Feld?

Fußball
Basketball (*)
Kajak
Taekwondo

Wie wird ein Aufschlag im Volleyball ebenfalls genannt?

Uppercut
Doppelschlag
Service (*)
Ass

Welche Gemeinsamkeiten benötigen Gegner in einem Boxkampf?

Die selbe Grüße
Die selbe Gewichtsklasse (*)
Die selbe Kampferfahrung
Die selbe Technik

In welchem Land ist Profiboxen verboten?

Polen
Russland
Kuba (*)
Südamerika

In welchem Jahr durften erstmals Frauen an den Olympischen Spielen teilnehmen?

1900
1882
1990
1912 (*)

Welche Sprungart wird heutzutage in der Leichtathletik nur noch im Seniorensport ausgeübt?

Standweitsprung (*)
Laufweitsprung
Standbreitsprung
Laufbreitsprung

Wo liegt der Ursprung des Taekwondo?

Japan
Korea (*)
Philippinen
China

Womit wird beim Fechten nicht gekämpft?
Florett
Degen
Schwert (*)
Säbel

Welches ist die offizielle Wettkampfsprache des Fechtens?
Englisch
Französisch (*)
Spanisch
Russisch

In welcher Sportart gibt es seit 1936 eine elektronische Trefferanzeige?
Volleyball
Basketball
Fechten (*)
Fußball

Welcher revolutionäre Begriff wurde erstmals 1988 bei den Olympischen Spiele in Korea verwendet?
Uppercut
Paralympics (*)
Paralyse
Integration

Wie nennt man vorgeschriebene Bewegungsabläufe im Taekwando?
Pumsae (*)
Tumsao
Cumbao
Sidekick

Was spiegeln die Gürtelfarben im Kampfsport wieder?
Trainingsstand (*)
Herkunft
Alter
Laune des Kämpfers

Religion

Wann etwa wurde Jesus geboren?
im Jahr 0
im Jahr 33 vor Christus
im Jahr 7 vor Christus (*)
im Jahr 713 nach Christus

Wie viele große Weltreligionen gibt es?
1
2
5 (*)
13

Wer gehört nicht zu den Evangelisten?
Markus
Lukas
Johannes
Jesus (*)

Wie heißt der Gott im Islam?
Allah (*)
Johega
Jesus
Jahweh

Wie lautet das erste Gebot?
Du sollst keine anderen Götter neben mir haben (*)
Die sollst nicht töten
Du sollst Sonntags in die Kirche gehen
Du sollst Vater und Mutter ehren

Wie viele Sakramente gibt es?
2
5
7 (*)
41

Welches dieser Symbole gehört zum Judentum?

Der Bücherstapel der 5 Heiligen Schriften
7-armiger Leuchter (*)
der gekreuzigte Jesus
die Hostie

Was bedeutet Schalom?

Frieden (*)
Hallo
Danke dir
Endlich Wochenende

Wie heißt der wichtigste Pilgerort der Hindus?

Samsara
Benares (*)
Shiva
Moses

Wie hießt der erste Sohn von Adam und Eva?

Abel
Kain (*)
Jesus
Moses

Was bedeutet koscher?

lecker
gesalbt
gut gewürzt
rein (*)

Auf welchem Berg starb Jesus am Kreuz?

Golgatha (*)
Mount Everest
Zugspitze
Jordan

In welchem Fluss wurde Jesus getauft?
Donau
Ganges
Jordan (*)
Nil

Welcher Prophet wurde in eine Löwengrube geworfen?
Markus
Daniel (*)
Lukas
Barbara

Welches listige Tier redete mit Eva?
Fuchs
Schlange (*)
Storch
Bär

Wen beauftragte Gott damit, die Arche zu bauen?
Jesus
Mohammed
Martin
Noah (*)

Wie viele Säulen tragen die Regeln des Islam?
3
5 (*)
7
15

Wo wurde Jesus nach Angaben des Evangeliums geboren?
Bethlehem (*)
Jerusalem
Israel
Rom

Wie wird der Tag, an dem Jesus auferstanden ist bei den Christen genannt?
Karfreitag
Weihnachten
Ostersonntag (*)
Palmsonntag

Wie heißt die Frau von Abraham?
Sara (*)
Maria
Eva
Julia

Die Taufe Jesu ist ein wichtiges Ereignis in der Religionsgeschichte. Wer taufte ihn?
Abraham
Gott
Matthäus
Johannes (*)

Was feiern Christen an Weihnachten?
Die Geburt von Noah
Die Geburt von Jesus (*)
Die Taufe Jesu
Den Tod von Abraham

In was für einer Örtlichkeit wurde Jesus geboren?
In einer Höhle
Auf einem Berg
In einem Stall (*)
In einer Burg

Wer war keiner der vier "großen" Propheten im Christentum?
Johannes (*)
Daniel
Jeremia
Ezechiel

Wie hieß der Jünger, der Jesus verriet?
Andreas
Matthäus
Judas (*)
Thaddäus

Wie nennt man das Gotteshaus der Juden?
Synagoge (*)
Kapelle
Moschee
Palast

Die Kaaba ist ein wichtiger Bestandteil des Islam. Wo steht sie?
Jerusalem
Mekka (*)
Israel
Medina

Welcher Wochentag ist für Muslime religiös gesehen der wichtigste?
Freitag (*)
Sonntag
Samstag
Mittwoch

Wie heißt das Fest, welches am Ende des heiligen Monats des Ramadan im Islam gefeiert wird?
Opferfest
Aschura
Zuckerfest (*)
Ragaib Kandil

Wer der folgenden Personen ist kein Prophet im Islam?
Moses/Musa
Mohammed
Jesus/Isa
Noah (*)

Wie hieß der Sohn von Abraham, mit welchem er als Erbauer der Kaaba gilt?

Yusuf
Ismael (*)
Mose
Ilyas

Welcher Wochentag ist für Juden religiös gesehen der wichtigste? (Sabbat)

Samstag (*)
Freitag
Donnerstag
Dienstag

An welchem Tag wird oft ein Nacht-Gottesdienst gefeiert?

Ostersonntag
Karfreitag
am 24. Dezember (*)
am 15. März

Was sieht man bei vielen (evangelisch-) reformierten Kirchen oft auf der Turmspitze?

Halbmond
Stern
Hahn (*)
Kugel

Wie viele Spitzen hat ein Davidstern?

5
6 (*)
7
9

Wie nennt man den Hoffnungsträger im Judentum, der Frieden und Gerechtigkeit einkehren lässt?

Rabbiner
Prophet
Messias (*)
Priester

Wie lautet die Bezeichnung für die Bekleidung eines Pfarrers?
   Talar (*)
   Robe
   Burka
   Turban

Wer ist der wichtigste Prophet im Islam?
   Ismael
   Mohammed (*)
   Mose/Musa
   Abraham

Wer ist der wichtigste Prophet im Judentum?
   Isaak
   Jesus
   Moses (*)
   Ismael

Wie bezeichnet man die heilige Schrift der Juden?
   Tora (*)
   Koran
   Bibel
   Neues Testament

Wie wird der Gott im Judentum genannt?
   Allah
   Gott
   Messias
   Jahwe (*)

Wie bezeichnen Juden ihre Priester?
   Papst
   Kohen (*)
   Pfarrer
   Rabbi

Was bezeichnen Muslime als "Halal"?

verboten
erwünscht
erlaubt (*)
gerne gesehen

Wie nennt man die heilige Schrift im Islam?

Tora
altes Testament
Koran (*)
Jahwe

Wer betet in der Moschee einheitliche Gebete vor?

Der Imam (*)
Ein Ulama
Ein Prophet
Ein Gelehrter

Auf welcher Sprache findet man die heilige Schrift der Muslime hauptsächlich vor, bzw. auf welcher Sprache wurde sie überliefert?

Hebräisch
Türkisch
Englisch
Arabisch (*)

Den Geboten im Islam nach, wie viele Pflichtgebete sollte man täglich sprechen?

2
3
4
5 (*)

Wie nennt man das Fest, bei dem jüdische Mädchen die Aufnahme in die jüdische Gemeinde feiern?

Bat Mizwa (*)
Bar Mizwa
Jom Kippur
Simchat Tora

Wenn Juden von "dem Ewigen" sprechen, wen meinen sie damit?

Jesus

Isaak

David

Gott (*)

Wie bezeichnet man die traditionelle Kopfbedeckung, welche man oft jüdische Männer tragen sieht?

Mikwe

Kippa (*)

Chuzpe

Hijab

Berufe

Durch welchen Beruf erlangte Astrid Lindgren Weltberühmtheit?
Schriftstellerin (*)
Fußballerin
Ärztin
Astronautin

Welchen Beruf erlangte Michl aus Lönneberga als Mann?
Hausmeister
Bürgermeister (*)
Lehrer
Polizist

Wen bezeichnet man als Paläontologe?
Menschen, die sich für Kräuter interessieren
Menschen, die sich beruflich mit der Erforschung der Dinosaurier beschäftigen (*)
Menschen, die beruflich die Sterne beobachten
Menschen, die Meerestiere erforschen

Welche Berufsgruppe verwendet einen Rosenbohrer?
Handwerker
Zahnärzte (*)
Landwirte
Lehrer

Wie heißt der Beruf, bei dem man sich mit der Produktion von Wein beschäftigt?
Winzer (*)
Handelsfachmann
Rebenprofi
Flaschner

Wie lange geht die Amtszeit eines Bundeskanzlers?
vier Jahre (*)
fünf Jahre
sechs Jahre
sieben Jahre

Was macht ein*e Modist*in?
Hüte (*)
Blumensträuße
Teppiche
Körbe

In welcher Sportart ist Lionel Messi beruflich unterwegs?
Fußball (*)
Handball
Golf
Tennis

Was macht ein Anästhesist?
er forscht im Labor
er erfindet Düfte
er betäubt Menschen vor der OP (*)
er erfindet Spiele

Welcher Beruf bringt Glück ins Haus?
Dachdecker
Handwerker
Schornsteinfeger (*)
Hausdame

Welche Personen kennen sich mit Kuchen backen aus?
Konditor (*)
Hotelfachfrau
Restaurantfachfrau
Schreiner

Welcher Beruf hilft Kindern auf die Welt?
Krankenpfleger
Hebamme (*)
Erzieher
Physiotherapeut

Wie arbeiten Altenpfleger?
Ambulant und stationär (*)
Aktiv und passiv
Konkav und konvex
Objektiv und subjektiv

Was verkauft der Optiker?
Bücher und Zeitschriften
Schuhe und Einlegesohlen
Brillen und Kontaktlinsen (*)
Perücken und Haargummis

Bei welchem Thema kann ein Bankkaufmann beraten?
Aktien (*)
Prozessen
Paragraphen
Exceltabellen

Wer muss wissen, wie hoch das Porto sein muss?
Schuhverkäufer
Zollbeamter
Bänker
Postbote (*)

Womit fährt ein Bergmann in den Stollen, um Steine oder Metalle abzutransportieren?
Hund
Lore (*)
Schubkarre
Güterzug

Wer braucht Hopfen, Malz und Gerste um seine Waren herzustellen?
Winzer
Bäcker
Brauer (*)
Melker

Wer arbeitet mit einem Gärkorb und Ritzmesser?
Konditor
Koch
Patisserie
Bäcker (*)

Was macht eine Choreografin?
Sie entwirft Tänze (*)
Sie archiviert Akten
Sie zeichnet Menschen
Sie schreibt Zugfahrpläne

Was war Albert Einstein?
Physiker (*)
Chemiker
Biologe
Mathematiker

Wobei hilft der Dolmetscher?
Beim Übersetzen von Texten und Sprache (*)
Beim Tennis, er zählt die Punkte
Beim Entkernen von Kirschen
Beim Fangen von Fischen

Was macht ein Restaurator?
Restaurants bewerten
Reservierungen annehmen
Alte Kunstwerke wiederherstellen (*)
Alte Gebäude erneuern

Was muss man studiert haben, um Apotheker zu werden?
Sinologie
Pharmazie (*)
Soziologie
Statistik

Welchen Beruf hatte Marilyn Monroe?
  Sportlerin
  Autorin
  Schauspielerin (*)
  Hochseilartistin

Wer verarbeitet Schindeln?
  Maurer
  Maler
  Dachdecker (*)
  Schreiner

Was ist Momos bester Freund Beppo von Beruf?
  Straßenfeger (*)
  Bauarbeiter
  Gärtner
  Kranführer

Wer muss im Notfall über eine Rutsche evakuieren?
  Kindergärtner
  Polizist
  Flugbegleiter (*)
  Richter

Wer hatte Erbarmen mit Schneewittchen und ließ sie frei?
  Ein Jäger (*)
  Ein Holzfäller
  Ein Schneider
  Ein Weber

Wer kennt sich mit Belichtung und Brennweiten aus?
  Model
  Fotograf (*)
  Bühnenbildner
  Modedesigner

Wer kennt sich aus mit HTLM-Code, Datenbanken und Cloud-Technologien?

Softwareingenieur (*)
Journalist
Manager
Versicherungskaufmann

Als was wurde Michael Schumacher siebenmal Weltmeister?

Als Schachspieler
Als Rennfahrer (*)
Als Fussballer
Als Läufer

Wer hat Pädagogik studiert?

Sachbearbeiter
Schuster
Kinderkrankenschwester
Lehrer (*)

Wer arbeitet mit einem Stethoskop?

Feinmechaniker
Lüftungstechniker
Arzt (*)
Dozent

Wer wird für sehr gute Arbeit mit Sternen ausgezeichnet?

Koch (*)
Portier
Hotelmanager
Kellner

Welches Fach hat ein Tierarzt studiert?

Veterinärmedizin (*)
Orthopädie
Humanmedizin
Chirurgie

Wie bezeichnet man den Bauern sonst noch?

Erntehelfer
Pflücker
Landwirt (*)
Obstbauer

Wer braucht für seinen Beruf Mörtel?

Winzer
Schmied
Straßenfeger
Maurer (*)

Was macht ein Chauffeur?

Er fährt andere Leute im Auto herum (*)
Er stellt Heizungen richtig ein
Er macht Musik
Er stellt Desserts her

Wer lenkt Flugzeuge?

Purser
Controller
Flugbegleiter
Pilot (*)

Wer verlegt in Zimmern neue Fußböden?

Zimmermann
Parkettleger (*)
Gerüstbauer
Polier

Wer arbeitet mit sehr feinen Zahnrädern?

Pianist
Chirurg
Uhrmacher (*)
Zahntechniker

Welches Gerät benutzen Notfallsanitäter bei einem Herzstillstand?

Einen Defibrilator (*)
Ein Blutdrcukmessgerät
Einen Katheter
Eine Infusion

Wer verteidigt Angeklagte vor Gericht?

Richter
Saaldiener
Stenograf
Anwalt (*)

Wer in Harry Potter wird nach dem Abschluss in Hogwarts Ende Minister?

Harry Potter
Hermine Granger (*)
Ron Weasley
Dolores Umbridge

Wer markiert seine Arbeit mit einer Punze?

Der Modedesigner
Der Webdesigner
Der Werkzeugmacher
Der Goldschmied (*)

Zu wem geht man, wenn man einen Sprachfehler hat?

Chiropraktiker
Logopäden (*)
Orthopäden
Podologen

Was machen Vermessungstechniker?

Sie prüfen, ob alle Zollstöcke gleich lang sind
Sie korrigieren die Messfehler von anderen
Sie vermessen Grundstücke und Straßen (*)
Sie stellen Zirkel und Lineale her

Wer soll sprichwörtlich bei seinen Leisten bleiben?
Das Model
Der Bauer
Der Schuster (*)
Der Lehrer

Welchen Beruf hat jemand, der Kapitänen bei schwierigen Passagen hilft?
Ein Fremdenführer
Ein Lotse (*)
Ein Logistiker
Ein Praxisleiter

Unter dem Meer

Welcher Fisch spielt im Film "Findet Nemo" die Hauptrolle?
Weißer Hai
Zackenbarsch
Clownfisch (*)
Sardelle

Wie heißt der größte, heute noch lebende Fisch?
Walhai (*)
Tunfisch
Buckelwal
Drachenfisch

Welches dieser Tiere ist kein Meeressäuger?
Delphin
Pottwal
Seepferdchen (*)
Seelöwe

Welches dieser Meerestiere hat kein echtes Gehirn?
Kofferfisch
Muräne
Kalmar
Qualle (*)

Wie heißt der Fisch der Stromschläge verteilen kann?
Zitteraal (*)
Blitzaal
Wattaal
Schockfisch

Wie lang kann ein Blauwal, der größte aller Wale, werden?
ca. 10m
ca. 30m (*)
ca. 50m
ca. 100m

Wie groß ist das Herz eines Blauwals?

So groß wie ein Menschenherz
So groß wie eine Melone
So groß wie ein Hund
So groß wie ein kleines Auto (*)

Welches Meeresungeheuer gibt es wirklich?

Seeschlangen
Kelpies
Riesenkraken (*)
Monsterhaie

Zu welcher Familie zählen Korallen?

Nesseltiere (*)
Stachelhäuter
Blütenpflanzen
Steinalgen

Welches der folgenden Meerestiere ist sehr giftig?

Koboldhai
Kegelschnecke (*)
Rippqualle
Schlangenseestern

Welche der folgenden Algen sind keine Pflanzen, sondern Bakterien?

Rotalgen
Braunalgen
Seetang
Blaualgen (*)

Wie heißt der tiefste bekannte Punkt am Meeresboden?

Bermudadreieck
Loch Ness
Mariannengraben (*)
Kanadaschlucht

Welcher Meeresstrom ist für unser Klima enorm wichtig?
Golfstrom (*)
Sommerstrom
Kaltstrom
Karpatenstrom

Wie nennt man das Phänomen, wenn Meeresbewohner ihr eigenes Licht erzeugen?
Bioflureszens
Biotranszendenz
Biolamineszens
Biolumineszenz (*)

Wie viele Weltmeere gibt es?
2
4
7 (*)
10

Welches der folgenden Meerestiere gilt als sehr intelligent?
Oktopus (*)
Hirnkoralle
Philosophenfisch
Seepferdchen

Was ist das Besondere im Lebenszyklus der Seepferdchen?
Sie springen aus dem Wasser
Die Jungen werden vom Männchen ausgetragen (*)
Die Weibchen liefern sich Revierkämpfe
Die älteren Exemplare verlieren ihre Farbe

Wie viele Arme hat ein Kalmar?
8
9
10 (*)
12

Wie viele Reihen Zähne haben Haie?

1
2
3 (*)
4

Was ist eines der größten Umweltprobleme im Meer?

Überfischung der Meere
Globale Erwärmung
Plastik in den Ozeanen
Alles gleich schlimm (*)

Welches der folgenden Tiere ist kein Stachelhäuter?

Zackenbarsch (*)
Seestern
Seeigel
Seelilie

Wie lautet die wichtigste Nahrungsgrundlage im Meer?

Sardinen
Krebstiere
Meeresmilch
Plankton (*)

Wie heißt der Fisch, welcher mit Lichtködern jagt?

Köderfisch
Anglerfisch (*)
Laternenfisch
Lampenaal

Wie tief tauchen Pottwale, um Tintenfische zu jagen?

ca. 1000m
ca. 2000m
ca. 3000m (*)
ca. 5000m

Warum braucht man ein U-Boot um in die Tiefsee zu kommen?
Wegen der Dunkelheit
Wegen des hohen Drucks (*)
Wegen der Sauerstoffversorgung
Wegen der Tiefseemonster

Welche Raubfische jagen mit ihrer spitzen Nase?
Schwertfische (*)
Stockfische
Lanzettenfische
Gabelfische

Wie oft kommt es tatsächlich zu Haiangriffen auf Menschen?
Sehr oft
Regelmäßig
Kaum
Sehr selten (*)

Womit kann ein Fisch Druck und Ähnliches im Wasser spüren?
Tasthaare
Fingerflosse
Kiemenhäute
Seitenlinienorgan (*)

Mit welchem schönen Material verziert die Muschel ihre Schale und Perle?
Perlstein
Perlwachs
Perlgold
Perlmutt (*)

Welcher ist der schnellste Fisch mit ca. 90km/h?
Fliegender Fisch
Blitzaal
Rennbarsch
Makohai (*)

Was sind Black Smokers?
Tiefseequellen voller Mineralien (*)
Schwarze Haie
Anemonen die zu Abwehr rauchen
Ein Tintenfisch mit besonders dunkler Tinte

Wie heißen Killerwale mit ihrem richtigen Namen?
Zahnwal
Orcan
Pinguinwal
Schwertwal (*)

Welcher Organismus kann länger werden als der Blauwal?
Seeschlange
Weißer Hai
Riesenstaatsqualle (*)
Seestadtwurm

Welches der folgenden Naturereignisse gibt es nicht?
Seebeben
Tsunami
Meeressturz (*)
Methanausbruch

Welches Wesen ist bekannt als Architeuthis?
Drachenfisch
Riesenkalmar (*)
Riesenkrabbe
Muräne

Mit welchem Fisch ist der Rochen am nächsten verwandt?
Hai (*)
Plattfischen
Wal
Flunder

Wann steigen die Tiefseebewohner weiter an die Oberfläche?
Morgens
Zur Paarung
Im Frühling
Bei Vollmond (*)

Welches der folgenden Tiere kann sich nicht fortbewegen?
Seestern
Seeigel
Seelilie
Koralle (*)

Was passiert mit den Korallen wenn es zu warm wird?
Korallenbleiche (*)
Korallenbrand
Korallenwucherung
Korallenflucht

Welche meeresgeologische Struktur gibt es wirklich?
Meeresstirn
Meeresknie
Meeresfinger
Meeresrücken (*)

Wie tief liegt die tiefste bekannte Stelle im Meer?
5 km
8 km
11 km (*)
20 km

Wie viel % der Meere sind vom Menschen wirklich gesehen worden?
5% (*)
12%
35%
50%

Wie heißt die giftigste Qualle der Welt?

Feuerqualle
Schlangengalliere
Japanische Riesenqualle
Seewespe (*)

Was passiert, wenn man eine Rippqualle berührt?

Es brennt
Sie schwimmt weg
Sie fällt auseinander (*)
Sie beginnt zu leuchten

Welcher Meeresbewohner war die Inspiration für das Einhorn?

Seepferdchen
Beluga
Chimära
Narwal (*)

Wie viel misst die japanische Riesenkrabbe ausgestreckt von Bein zu Bein?

2,4 m
3,7m (*)
5,9m
10m

Welches Tier wurde für Meerjungfrauen gehalten?

Seekuh (*)
Seeschaf
Seehund
Humboldkalmar

Wie heißt der mysteriöse Ort an dem Schiffe und Flugzeuge verschwunden sind?

Panamakanal
Bermudadreieck (*)
Fliegender Holländer
Kap der Guten Hoffnung

Wie hieß der Urzeithai, der 3 Mal so groß wie der weiße Hai war?

Megalodon (*)
Megalosaurus
Megaloychtis
Megalania

Wie kommunizieren Wale?

Echolot
Brummlaute
Duftstoffe
Walgesang (*)

Geschichte

Wie hieß Caesar mit Vornamen?
Marcus
Brutus
Julius(*)
Magnus

Christoph Kolumbus wollte eigentlich in welches Land segeln?
Indien (*)
Japan
Australien
Portugal

Wer führte den ersten Motorflug durch?
Jacob und Wilhelm Grimm
Heinz und Ernst Müller
Wilbur und Orville Wright (*)
Matt und Jeff Hardy

Welchen Feiertag feiern die Amerikaner am 4. Juli?
Thankgivings Day
Martin Luther King Day
Labor Day
Independence Day (*)

Wie lautet der Spitzname der bekannten österreichischen Kaiserin Elisabeth?
Lissi
Elli
Betty
Sisi (*)

Napoleons letzte Schlacht ereignete sich in welcher Stadt?
Waterloo (*)
Paris
München
Prag

Wann wurde die Bundesrepublik Deutschland gegründet?
1943
1925
1937
1949 (*)

Wer war für seine 95 Thesen bekannt?
Gerhard Schröder
Karl Marx
Martin Luther (*)
Johannes Gutenberg

Wann wurde der Eiffelturm erbaut?
1823
1887 (*)
1901
1936

An welchem Tag fiel die Berliner Mauer?
3. Oktober 1991
2. Dezember 1982
13. März 1994
9. November 1989 (*)

Auf welchen Tieren überquerte Hannibal die Alpen?
Pferden
Kühen
Elefanten (*)
Eseln

Welcher bekannte Künstler malte die Mona Lisa?
Leonardo Da Vinci (*)
Pablo Picasso
Vincent Van Gogh
Salvador Dali

Wie hieß das Schiff, welches schon auf der Jungfernfahrt nach New York sank?

MS Deutschland
Titanic (*)
Sealion
Majestic

Wann fanden die ersten Olympischen Spiele der Neuzeit statt?

1850
1896 (*)
1910
1972

In welchem Zeitraum fand die Französische Revolution statt?

1632 – 1642
1701 – 1711
1789 – 1799 (*)
1841 – 1851

Wer ist das Oberhaupt des Vereinigten Königreichs?

Der Papst
Der österreichische Bundeskanzler
Die englische Königin (*)
Der japanische Kaiser

Wie hießen die Kämpfer im römischen Kolosseum?

Soldaten
Gladiatoren (*)
Kadetten
Überlebenskünstler

Wer kämpfte im Amerikanischen Unabhängigkeitskrieg?

Deutschland gegen Japan
Schweden gegen Norwegen
Die Kolonien gegen Großbritannien (*)
Irland gegen Nordirland

Wann starben die Dinosaurier aus?
 In der Bronzezeit
 In der Steinzeit
 Im Mittelalter
 In der Kreidezeit (*)

Wie wurde das Verlassen Großbritanniens aus der EU bezeichnet?
 Goodbye England
 Brexit (*)
 Leave UK
 Auf Wiedersehen Großbritannien

Wie oft war Heinrich VIII verheiratet?
 Einmal
 Dreimal
 Viermal
 Sechsmal (*)

Wann fand die erste Fußballweltmeisterschaft statt?
 1912
 1930 (*)
 1956
 1982

Welches war eines der ersten Transportmittel der Luftfahrt?
 Der Hubschrauber
 Der Airbus
 Die Concorde
 Der Zeppelin (*)

Welche Frau gewann als Erstes einen Nobelpreis?
 Marie Curie (*)
 Maria Kastner
 Monika Kerpen
 Melinda Gates

Wer gilt als Erfinder der Relativitätstheorie?

Isaac Newton
Albert Einstein (*)
Alexander Graham Bell
Thomas Edison

In welchem Jahr betrat Neil Armstrong den Mond?

1955
1969 (*)
1974
1981

Wer war der erste Präsident der USA?

Thomas Jefferson
Andrew Jackson
Theodore Roosevelt
George Washington (*)

Was gilt als Motor der Industriellen Revolution?

Die Dampfmaschine (*)
Der Beginn des neuen Jahrhunderts
Der Bau von Fabriken
Die Einführung des Mindestlohns

Wer gilt als Erfinder des modernen Automobils?

Gottlieb Daimler
Alexander Winton
Carl Benz (*)
Enzo Ferrari

Welches Land gehört nicht zu den Kolonialmächten?

Das britische Empire
Die Niederlande
Frankreich
Irland (*)

Wie lang ist die Chinesische Mauer?

15132 Kilometer
18771 Kilometer
21196 Kilometer (*)
24569 Kilometer

In welchem Jahr endete der 2. Weltkrieg?

1939
1945 (*)
1950
1954

Wer war der erste deutsche Bundeskanzler?

Helmut Kohl
Konrad Adenauer (*)
Willy Brandt
Ludwig Erhard

Wie hieß der Städtebund, der den deutschen Seehandel kennzeichnete?

Der deutsche Seebund
Die Handelsgesellschaft
Die Hanse (*)
Der Zusammenschluss

Wer war die letzte Pharaonin des antiken Ägyptens?

Hatschepsut
Kleopatra (*)
Tausret
Nofretete

Wer ging als Sonnenkönig in die Geschichte ein?

Ludwig XIV. (*)
Heinrich I.
Philipp IV.
Karl VIII.

Nelson Mandela war der erste farbige Präsident welchen Landes?

Namibia
Elfenbeinküste
Südafrika (*)
Ghana

Welche Naturkatastrophe löschte die Stadt Pompeji aus?

Eine Flutwelle
Ein Vulkanausbruch (*)
Ein Erdrutsch
Ein Tornado

Wer berichtete in einem Tagebuch von der Zeit im 2. Weltkrieg?

Anna Markus
Lena Friedrich
Maria Horst
Anne Frank (*)

Welches Ereignis kennzeichnet den Beginn des Universums?

Der Urknall (*)
Die zehn Gebote
Die Erfindung des Smartphones
Die Eiszeit

Welches ist kein Name eines der Mars-Rover?

Spirit
Opportunity
Hope (*)
Perseverance

Wie lange gibt es schon das Internet?

1969 (*)
1973
1981
1992

Was gilt als Auslöser des ersten Weltkriegs?

Die Attacke von Budapest
Die Tragödie von Paris
Das Attentat von Sarajevo (*)
Der Angriff von Tokio

An welchem Datum wurde das World Trade Center angegriffen?

13. Juli 1999
11. September 2001 (*)
6. Mai 2004
21. Oktober 2006

Welches Jahrzehnt des 20. Jahrhunderts wurde als golden bezeichnet?

Die 20er (*)
Die 50er
Die 60er
Die 80er

In welchem Land beginnt die Geschichte der Philosophie?

Portugal
Neuseeland
Argentinien
Griechenland (*)

Welcher ist keiner der drei Stände des Mittelalters?

Klerus
Adel
Bauern
Mittelstand (*)

In wie viele Besatzungszonen wurde Deutschland nach dem 2. Weltkrieg aufgeteilt?

1
2
3
4 (*)

Auf welche japanischen Städte warf die USA Atombomben ab?
Tokio und Osaka
Hiroshima und Nagasaki (*)
Kawasaki und Kobe
Yokohama und Kyoto

Welche Worte von Martin Luther King sind bis heute weltbekannt?
I have a dream (*)
The Time has come
Get ready to fight
I can see worldpeace

Politik

Wie hieß die erste deutsche Bundeskanzlerin?
Angelika Merkel (*)
Guido Wullf
Helene Fischer
Rita Süßmuth

In welcher Stadt befindet sich der deutsche Regierungssitz?
Berlin (*)
München
Bonn
Köln

Wann fiel die Mauer?
1989 (*)
1965
1994
1998

Was bedeutet CDU?
christliche-deutsche Union
christlich-demokratische Union (*)
chinesisch-demokratische Uno
christlich-deutsche Umgebung

Mit welchem russischen Präsidenten ist der ehemalige Bundeskanzler Gerhard Schröder befreundet?
Wladimir Putin (*)
Boris Schitschow
Bruno Ritsch
Anna Nitrenko

Was für eine Aufgabe hat die UNO?
Sicherung der Menschenrechte und Völkerrechte (*)
Sicherung der Gesundheit
Sicherung der internationalen Beziehungen
Sicherung der nationalen Beziehungen

Von welcher Stadt aus wurde Deutschland vor der Wiedervereinigung regiert?

Bonn (*)

Stuttgart

Frankfurt

Berlin

Wie heißt die Regierungsform, in der ein König entscheidet?

Demokratie

Diktatur

Hegemonie

Monarchie (*)

Wo befindet sich der Sitz des Bundespräsidenten?

Schloss Bellevue (*)

Schloss Motafour

Schloss Versaille

Schloss Haga

Deutschland besteht aus wie vielen Bundesländern?

12

18

15

16 (*)

Wann war der zweite Weltkrieg zu Ende?

1943

1988

1919

1945 (*)

Wie hieß der erste Bundeskanzler nach dem zweiten Weltkrieg?

Konrad Adenauer (*)

Helmut Schmid

Helmut Kohl

Gerhard Schröder

Welchen Beruf hat die Bundeskanzlerin Angela Merkel erlernt?
Ärztin
Lehrerin
Physikerin (*)
Umweltschützerin

Was bedeutet Demokratie?
Herrschaft der Könige
Herrschaft des Volkes (*)
Herrschaft der Landesregierungen
Herrschaft des Präsidenten

Ab welchem Alter ist man für die Bundestagswahl wahlberechtigt?
16 Jahre
21 Jahre
18 Jahre (*)
20 Jahre

Wie heißt das Konzept von Abwesenheit der Herrschaft?
Anarchie (*)
Plutokratie
Monarchie
Oligarchie

Wo werden Gesetze verabschiedet?
Präsidentenpalast
Parlament (*)
Kabinett
Kanzleramt

Wie hießt die erste Demokratie auf deutschem Boden?
Weimarer Republik (*)
Deutsche Demokratische Republik
Bundesrepublik
Deutsches Kaiserreich

Wann wurde die Bundesrepublik Deutschland gegründet?

1871
1848
1949 (*)
1945

Wo hat die Demokratie ihren Ursprung?

Antikes Rom
Antikes Griechenland (*)
Antikes Babylon
England

Was wird als die "Herrschaft der wenigen" bezeichnet?

Monarchie
Plutokratie
Oligarchie (*)
Demokratie

Welcher US-Präsident schaffte die Sklaverei ab?

Washington
Lincoln (*)
Kennedy
Johnson

Wie hieß der erste Bundespräsident?

Albert Einstein
Konrad Adenauer
Gustav Stresemann
Theodor Heuss (*)

Welche Eigenschaften haben Wahlen in einer Demokratie?

Frei, geheim und gleich (*)
Gewichtet, öffentlich und vorbestimmt
Ungleich, frei, ungültig
Unverbindlich und geheim

Was sind die Farben der deutschen Flagge?

schwarz-rot-gold (*)
schwarz-weiß-rot
blau-weiß
gelb-schwarz

Wem kann das Parlament das Misstrauen aussprechen?

Bundespräsidenten
Ministern
Kanzler (*)
Einer Partei

Wer wählt den Kanzler?

Bundestag (*)
Bevölkerung
Bundesrat
Bundespräsident

Wie nennt man die Versammlung von Kanzler und Ministern?

Parlament
Kabinett (*)
Ratsversammlung
Bundesrat

Wann wurde die Mauer gebaut?

1959
1945
1961 (*)
1980

Wann endete die DDR?

8. Mai 1945
9. Oktober 1990 (*)
10. April 1912
11. November 1918

Was unterscheidet Demokratie von Diktaturen?
Gewaltenteilung (*)
Wahlen
Bürger
Verfassung

Welchen großen Preis konnte die EU gewinnen?
Friedensnobelpreis (*)
Pulitzer Preis
Deutschen Buchpreis
Oscar

Welche Länder sind ständige Mitglieder im Weltsicherheitsrat?
USA, Großbritannien, Russland, China, Frankreich (*)
Deutschland, Frankreich, Italien, USA, Russland
Russland, Frankreich, Schweden, Brasilien, China
USA, Kanada, Australien, Japan, Russland.

In wie viele Zonen war Deutschland nach dem Krieg geteilt?
2
4 (*)
8
16

Wer führte die erste rot-grüne Koalition?
Angela Merkel
Gerhard Schröder (*)
Helmut Kohl
Willy Brandt

Was ist eine Koalition?
Eine Partei
Eine Zusammenarbeit mehrerer Parteien (*)
Ein Parlament
Ein Kabinett

Welche Partei regiert China?
Die Nationalistische Partei
Die Kommunistische Partei (*)
Die Sozialistische Partei
Die Konservative Partei

Wohin steckt man seinen Wahlzettel?
Wahlbox
Wahlfach
Wahlurne (*)
Wahlschublade

Was ist das Grundgesetz?
Die deutsche Verfassung (*)
Das erste Gesetz, was verabschiedet wurde
Das wichtigstes Gesetz im Strafgesetzbuch
Das Bürgerliche Gesetzbuch

Was ist die NATO?
Ein nordatlantisches Militärbündnis (*)
Eine Handelsorganisation
Eine Steuerkommission
Ein Synonym für die UNO

Was ist der eigentliche Sinn der Politik?
Das Leben unter den Menschen zu regeln (*)
Die Wirtschaft zu schützen
Krieg zu führen
Menschen Steuern abzunehmen

Wie viele Amtszeiten kann ein Bundespräsident im Amt sein?
Zwei (*)
Vier
Unendlich viele
Fünf

Wie lange dauert eine Legislaturperiode auf Bundesebene?

Vier Jahre (*)
Fünf Jahre
Sechs Jahre
Drei Jahre

Welche beiden Parteien fügten sich selbst zur Union zusammen?

CDU und CSU (*)
SPD und Grüne
CDU und FDP
Linke und SPD

Was ist eine absolute Mehrheit?

Mehr Stimmen als alle anderen
Mindestens 51 Prozent der Stimmen (*)
Zwei Drittel der Stimmen
Alle Stimmen, die abgegeben wurden

Was wird als die "vierte Gewalt" bezeichnet?

Die Gerichte
Die Armee
Die Polizei
Die Medien (*)

3 Gewalten der Demokratie sind Exekutive, Legislative und ...

... Judikative (*)
... Autorative
... Wegenative
... Gerechtekative

Was ist die "Ewigkeitsklausel"?

Artikel im Grundgesetz, der die ersten Artikel schützen soll (*)
Ein Gesetz, das nicht abgeschafft werden kann
Die lebenslange Freiheitsstrafe
Das Gesetz der DDR, mit dem die Mauer gerechtfertigt wurde

Was war die Stasi?

Geheimdienst und Unterdrückungsapparat der DDR (*)
Polizei der DDR
Armee der DDR
Vorläufer des Verfassungsschutzes

Welches Gericht wacht über die verfassungsmäßige Ordnung?

Bundesgerichtshof
Bundesverfassungsgericht (*)
Europäische Gerichtshof
Supreme Court

Körper & Organe

Wie viele Knochen hat der menschliche Körper?
206 (*)
219
189
196

Was ist das größte Organ des Menschen?
Herz
Lunge
Haut (*)
Darm

Wie groß ist das menschliche Auge?
14 mm (*)
23 mm
21 mm
12 mm

Die drei Gehörknöchelchen sind Hammer, Amboss und ... ?
Steigbügel (*)
Bügeleisen
Scherenknochen
Hörknöchelchen

Wie schnell wachsen Haare?
1 mm am Tag
0,5 mm am Tag (*)
1 cm am Tag
5 mm am Tag

Wie dick ist ein menschliches Haar?
0,05 mm (*)
1 mm
0,5 mm
0,005 mm

Aus wie vielen Schädeln besteht der menschliche Schädel?
20
13
1
22 (*)

Wie viele Muskeln hat ein Mensch?
656 (*)
565
701
532

Wie groß ist das Gehirn einer Frau im Durchschnitt?
1,24 Liter
1,13 Liter (*)
0,9 Liter
2 Liter

Wie lang ist der menschliche Darm?
6 Meter
13 Meter
7 Meter (*)
5 Meter

Die Unterarm-Knochen heißen Speiche und ... ?
Elle (*)
Esche
Ergonomikus
Erlenmeier

Wie viele Knochen hat die Hand?
30
27 (*)
19
5

Wie viele Gelenke hat ein Körper?
240
300
444
360 (*)

Wie schnell lief der schnellste Mensch jemals?
17 km/h
32 km/h
45 km/h (*)
49 km/h

Welcher ist der stärkste Knochen im menschlichen Körper?
Kieferknochen (*)
Oberschenkelknochen
Oberarmknochen
Schädeldecke

Wie viel Rotz produziert man ein Mensch am Tag?
400 ml
250 ml
1.000 ml (*)
2.000 ml

Wie viel Blut fließt pro Minute durch ein Herz?
6 Liter
5,5 Liter (*)
4 Liter
10 Liter

Wie viele Nieren hat ein Mensch?
1
4
3
2 (*)

Welcher ist der stärkste Muskel?
Bizeps
Kaumuskel (*)
Oberschenkelmuskel
Rückenmuskel

Wie viele Zähne hat der Mensch?
30
36
32 (*)
34

Wie viele Menschen haben eine dritte Brustwarze?
5 % (*)
10 %
1 %
3 %

Wie viele Menschen haben einen sechsten Finger?
1:5.000
1:3.000 (*)
1:4.000
1:10.000

Wie viele Muskeln braucht man zum Stirnrunzeln?
12
40 (*)
26
57

Wie oft atmet ein Mensch in der Stunde?
700
650
880
900 (*)

Wie viele unterschiedliche Farben kann ein Mensch sehen?
100.000 (*)
80.000
130.000
250.000

Wie viel Energie verbraucht ein Gehirn?
10 % des Tagesbedarfs
30 % des Tagesbedarfs
25 % des Tagesbedarfs (*)
45 % des Tagesbedarfs

Wie lang ist das gesamte Blutgefäßsystem des Menschen?
100.000 Km
90.000 km (*)
70.000 km
120.000 km

Wie schnell ist ein Nieser?
100 km/h
120 km/h
140 km/h
160 km/h (*)

Wie viele Gene haben Menschen und Schimpansen gemein?
72,4 %
90,3 %
98,7 % (*)
88,7 %

Wie viel Speichel produziert ein Mensch am Tag?
1 Liter
4 Liter
1,5 Liter (*)
2,5 Liter

Wer hat die meisten Haare?

Blonde (*)
Brünette
Schwarzhaarige
Rothaarige

Wie lang sind alle Nervenbahnen zusammen?

6,5 Millionen Kilometer
4,3 Millionen Kilometer
5,8 Millionen Kilometer (*)
7,2 Millionen Kilometer

Wie schnell sind Schmerzimpulse in der Nervenbahn?

400 km/h (*)
360 km/h
280 km/h
420 km/h

Wie viele Knochen hat eine Hand?

40
31
27 (*)
20

Wie viele Nervenenden hat eine Fußsohle?

1700 (*)
1500
1200
2000

Wie viel Lungenvolumen hat ein Mensch?

1 Liter
3 Liter (*)
5 Liter
10 Liter

Wie viele Bandscheiben hat der Mensch?

27
30
21
23 (*)

Wie viele rote Blutkörperchen bildet der menschliche Körper jeden Tag?

200 Milliarden (*)
250 Milliarden
300 Milliarden
100 Milliarden

Wie schwer ist ein Auge?

7,5 Gramm (*)
10,3 Gramm
20,3 Gramm
5,7 Gramm

Wie viel kann ein Hirn speichern?

10 Gigabyte
2,5 Petabyte (*)
1 Exabyte
8 Megabyte

Wie viele Bakterien leben im Menschen?

100 Billionen (*)
200 Billionen
300 Billionen
400 Billionen

Wie viele Schweißdrüsen hat ein Fuß?

400.000
600.000
500.000 (*)
300.000

Welcher ist der härteste Knochen?

Oberschenkelknochen
Kieferknochen (*)
Oberarmknochen
Rippe

Wie viele unterschiedliche Zellen besitzt der Mensch?

200 (*)
350
400
800

Wie lang wird ein Haar, das man nie abschneiden würde?

6,60 Meter
8,40 Meter
7,60 Meter (*)
10,30 Meter

Wie oft schluckt ein Mensch im Durchschnitt am Tag?

1.500
2.000 (*)
3.000
500

Wie oft pupst ein Mensch im Schnitt am Tag?

10 Mal
30 Mal
5 Mal
20 Mal (*)

Wie viele Hautzellen verliert ein Mensch pro Tag?

50 Millionen (*)
100 Millionen
Keine
10 Millionen

Wie oft erneuert sich die Haut eines Menschen im Schnitt in einem Leben?

600 Mal

2.000 Mal

1.000 Mal (*)

10.000 Mal

Wie viele Muskeln braucht man, um zu lächeln?

20 (*)

30

15

26

Essen & Trinken

Woraus wird Popcorn gemacht?
Hirse
Weizen
Mais (*)
Roggen

Wie wird ein Wiener Schnitzel zubereitet?
Mit Käse überbacken
Paniert (*)
In Streifen geschnitten
Mit Frischkäse gefüllt

Aus welchem Land kommt die Pizza?
Frankreich
Deutschland
Norwegen
Italien (*)

Was wird nicht zur Herstellung von Schokolade verwendet?
Kakao
Mehl (*)
Milch
Zucker

Woraus werden Rosinen gemacht?
Trauben (*)
Johannisbeeren
Kirschen
Blaubeeren

Durch was wird Wasser sprudelig?
Salzsäure
Kohlenstoff
Sauerstoff
Kohlensäure (*)

Wie heißt das Gelbe im Ei?

Dotter (*)
Potter
Datter
Glibber

Aus was werden Pommes gemacht?

Karotten
Sellerie
Rüben
Kartoffeln (*)

Was ist ein Berliner?

Süßes Gebäck (*)
Wurst
Brötchen
Käse

Aus was wird Ketchup gemacht?

Paprika
Tomaten (*)
Kirschen
Rote Beete

Welches dieser Produkte gehört nicht in Spaghetti Bolognese?

Tomaten
Hackfleisch
Zwiebel
Thunfisch (*)

Wo wachsen Karotten?

Auf dem Baum
Am Strauch
Unter der Erde (*)
Im Wasser

In welcher Farbe gibt es Paprika nicht?
Blau (*)
Rot
Gelb
Grün

Wie viele Nüsse findet man normalerweise in einer Erdnuss-Schale?
Eine
Zwei (*)
Drei
Vier

Welches dieser Produkte enthält am meisten Wasser?
Banane
Apfel
Tomate
Gurke (*)

Was gehört unbedingt auf eine "Pizza Hawaii"?
Salami
Pilze
Ananas (*)
Artischocke

Von welchem Kontinent kam die Kartoffel nach Deutschland?
Amerika (*)
Afrika
Australien
Asien

Welchen wichtigen Stoff, der für das Wachstum der Knochen verantwortlich ist, enthält Milch?
Zink
Magnesium
Kalzium (*)
Eisen

Von welchem wichtigen Vitamin enthält die Karotte einen großen Teil? Tipp: dieses Vitamin wird auch im Körper gebildet, wenn die Sonne auf die Haut scheint.

Vitamin D (*)
Vitamin C
Vitamin E
Vitamin A

Welches dieser Getränke enthält am meisten Zucker?

Wasser
Cola (*)
Saftschorle
Tee

Wie viele Würfel Zucker stecken ungefähr in 250ml Cola?

Drei
Fünf
Neun (*)
Zwölf

Zu welcher Jahreszeit wird Spargel in Deutschland geerntet?

Sommer
Frühling (*)
Herbst
Winter

Wie heißt der Stoff, der unter anderem in Cola und Kaffee enthalten ist und wach machen soll?

Lactose
Kohlenhydrat
Magnesium
Koffein (*)

Wo befinden sich im Apfel die meisten Vitamine?

In der Schale (*)
Im Fruchtfleisch
Im Stiel
Überall gleich viel

In welchem Land hat Sushi seinen Ursprung?
Deutschland
Amerika
Japan (*)
China

Wie viel Wasser sollte ein Erwachsener pro Tag trinken?
1 Liter
Mindestens 1,5 Liter (*)
4-6 Liter
Weniger als 1 Liter

Wie lange kann ein Mensch in etwa ohne Trinken überleben?
2 Tage
5 Tage (*)
Eine Woche
10 Tage

Wie lange kann ein Mensch in etwa ohne Essen überleben?
2 Wochen
4 Wochen
3 Monate (*)
5 Monate

Welche Frucht wächst nicht in Deutschland?
Mango (*)
Apfel
Aprikose
Kirsche

Auf welchem Kontinent wird am meisten Reis angebaut?
Australien
Afrika
Europa
Asien (*)

Woraus wird Sauerkraut gemacht?

Sellerie
Weißkohl (*)
Salat
Kohlrabi

In wie vielen Mahlzeiten pro Woche sollte Fleisch maximal enthalten sein?

In allen Mahlzeiten
1-2 Mahlzeiten (*)
5-6 Mahlzeiten
3-4 Mahlzeiten

Wie viele Eier legt ein Huhn pro Tag?

1 Ei (*)
3 Eier
5 Eier
10 Eier

Wie viele Erbsen findet man in einer Schote?

15-20
1-3
40-50
4-10 (*)

Wie oft sollte man Obst und Gemüse essen?

1-2 mal pro Woche
3-4 mal pro Woche
Täglich (*)
5 mal pro Woche

Welches dieser Brotsorten ist die gesündeste?

Weißbrot
Vollkornbrot (*)
Roggenbrot
Weizenbrot

Wie viele Kalorien sollte ein Erwachsener am Tag ca. zu sich nehmen?

2.000 (*)

10.000

500

5.000

Was kommt im Lied "backe backe Kuchen" nicht in den Kuchen?

Eier

Mehl

Milch

Hefe (*)

Was isst ein Veganer nicht?

Salat

Ei (*)

Mehl

Obst

Welche Getreidesorte wird in Deutschland am häufigsten angebaut?

Weizen (*)

Roggen

Dinkel

Gerste

Was sieht der Löwenzahn-Pflanze ähnlich, kann aber als Salat gegessen werden?

Himbeerblätter

Kirschlorbeer

Rucola (*)

Feldsalat

Welches Lebensmittel soll angeblich Vampire fernhalten?

Zwiebel

Zitrone

Käse

Knoblauch (*)

Was gehört in "Spaghetti aglio olio"?

Knoblauch und Öl (*)
Speck und Ei
Tomaten und Zwiebel
Käse und Petersilie

Woraus besteht traditionell die Unterseite eines Lebkuchens?

Pumpernickel
Brotscheibe
Oblate (*)
Schokolade

In welchem dieser Länder wird Pfeffer angebaut?

Deutschland
Italien
Russland
Indien (*)

Woraus wird Zimt gewonnen?

Aus getrockneten Blüten
Aus der Frucht
Aus der Baumrinde (*)
Aus der Wurzel

In welchem dieser Länder wird am meisten Tee getrunken?

England (*)
USA
Deutschland
Finnland

Was ist das teuerste Gewürz der Welt?

Zimt
Safran (*)
Kurkuma
Kardamom

Wo wächst Trüffel?
Auf Bäumen
An Sträuchern
Als kleine Pflanze über dem Boden
Unter der Erde (*)

Was ist Hefe?
Ein Pilz (*)
Ein Bakterium
Ein unbekannter Organismus
Ein Virus

Redewendungen & Sprichwörter

"Fersengeld geben" bedeutet?
   Schuhe kaufen
   Eilig flüchten (*)
   Geld aufs Konto einzahlen
   Wechselgeld bekommen

Wenn "Hopfen und Malz verloren" ist, dann
   Ist das Bier leer
   Ist was vergebens (*)
   Ist der Garten verdorrt
   Ist jemand diebisch

Man kann es drehen und ... wie man will
   wenden (*)
   legen
   werfen
   stellen

Es ist mir in Fleisch und ... übergegangen
   Blut (*)
   Herz
   Hirn
   Bauch

Das kostet ihn Kopf und ...
   Auto
   Kragen (*)
   Hemd
   Hand

Das wird mich wohl oder ... etwas kosten.
   übel (*)
   leider
   schön
   immer

Die Titanic ging mit Mann und ... unter.
   Maus (*)
   Haus
   Laus
   Klaus

Sie schlug es kurz und ...
   kaputt
   klein (*)
   weg
   zerstört

Ich schäme mich in Grund und ...
   Himmel
   Boden (*)
   Zeit
   Keller

Er lebt in Saus und ...
   Laus
   Haus
   Braus (*)
   Luxus

Erledige es an Ort und ...
   Stelle (*)
   Platz
   Zeit
   Gelegenheit

Zeit sitzt mir im ...
   Nacken (*)
   Auto
   Keller
   Aufzug

Es bringt ihn auf die ...
Palme (*)
Hausdächer
Zinnen
Schornsteine

Tanz nicht aus der ...
Klasse
Reihe (*)
Zeit
Runde

Er fällt aus allen ...
Träumen
Wolken (*)
Umständen
Kissen

Nimm die ... in die Hand
Gelegenheit
Beine (*)
Füße
Lebensfreude

Er spuckt immer große ...
Vorschläge
Meinungen
Töne (*)
Klänge

"Alle Jubeljahre" heißt
Selten (*)
Häufig
Jährlich
Niemals

Das kriegst du mit Brief und …
Fliege
Siegel (*)
Urkunde
Erlaubnis

Mach aus einer … keinen Elefanten.
Maus
Fliege
Mücke (*)
Biene

Alles in …
Butter (*)
Sahne
Soße
Creme

Was heißt "Den Nagel auf den Kopf treffen"?
Das Richtige treffen (*)
Handwerklich begabt sein
Gewalttätig sein
Gut zielen können

Was heißt "Einen Sockenschuss haben"?
Unordentlich sein
Verrückt sein (*)
Keinen modischen Sinn haben
Sandalen tragen

Jemandem auf den … treten.
Garten
Schlips (*)
Schuh
Anzug

Mit dem Kopf durch die ... wollen.
   Zeit
   Menge
   Wälder
   Wand (*)

Hals über ...
   Kiefer
   Kopf (*)
   Laune
   Kragen

Aller ... ist schwer.
   Anfang (*)
   Beginn
   Start
   Abschluss

Bei Nacht sind alle Katzen ...
   unsichtbar
   grau (*)
   schwarz
   weg

Andere Länder, andere ...
   Menschen
   Gebräuche
   Grenzen
   Sitten (*)

Der ... gibt nach.
   Sanftmütige
   Mutige
   Klügere (*)
   Verärgerte

Erst die ..., dann das ...
- Arbeit & Vergnügen (*)
- Anstrengung & Freudige
- Freude & Schlimme
- Gier & Teure

Alter schützt vor ... nicht.
- Sehnsucht
- Torheit (*)
- Armut
- Rheuma

Der Apfel fällt nicht weit vom ...
- Baum
- Wald
- Laub
- Stamm (*)

Das Argument hat weder Hand noch ...
- Bein
- Fuß (*)
- Finger
- Knie

Kampf auf Leben und ...
- Sieg
- Tod (*)
- Glück
- Erfolg

Was heißt es, wenn jemand hinter "Schloss und Riegel" sitzt?
- Jemand ist eingesperrt (*)
- Jemand ist im Homeoffice
- Jemand ist in der Schule
- Jemand ist obdachlos.

Was passiert, wenn man sich etwas "durch die Lappen" gehen lässt?

Man putzt etwas sauber
Man lässt sich was entgehen (*)
Man kauft etwas ein
Man lässt etwas fallen

"In den sauren Apfel beißen müssen" heißt

Etwas Unangenehmes machen müssen (*)
Mehr Obst essen müssen
Gesünder Leben müssen
Neue Zähne werden gebraucht

Was bedeutet, wenn man "kalte Füße" bekommt?

Man friert
Man kriegt Angst (*)
Man hat Durchblutungsstörung
Man ist wütend

Wenn man "alle Trümpfe in der Hand" hält, dann ...

ist man gut beim Kartenspiel
hat einen Vorteil (*)
hat viel Erfahrung in gewissen Bereichen
ist sehr intelligent

Wer "auf die Tube" drückt, der ...

putzt sich die Zähne
kann gut kochen
macht schneller als vorher (*)
hupt im Stau

Jemand steigt jemandem "aufs Dach", also ...

er weist jemanden zurecht (*)
deckt das Dach neu
will jemanden übers Ohr hauen
will bei jemandem einbrechen

"Das ist des Pudels Kern" heißt ...
dass dies die wahre Ursache ist (*)
dass der Hund krank ist
man selbst Tierarzt ist
etwas eine Lüge ist

"Asche auf mein Haupt" sagt jemand, der ...
etwas bedauert (*)
als Bestatter arbeitet
im Regen steht
Langeweile hat

Jemanden "an der Nase herumführen" heißt ...
jemanden zu täuschen (*)
jemandem etwas beibringen
jemandem auf die Nase hauen
jemandem die Stadt zeigen

"Da beißt die Maus keinen Faden ab" bedeutet ...
dass man an etwas nichts mehr ändern kann (*)
die Maus aus dem Käfig ausgebrochen ist
der Tierladen pleite ist
dass etwas kurz vor dem Ende steht

Er ist mit Pauken und ... unterwegs.
Flöten
Trompeten (*)
Trommeln
Schlagzeug

Es ist ... und erlogen!
erstunken (*)
erfunden
erzählt
erbracht

Hier ist alles was … und Namen hat.
Dienstgrad
Titel
Rang (*)
Stellung

Sie hatte es … und fest behauptet.
starr
fest
hart
steif (*)

Ostern

Bevor Ostern kommt, steht die Fastenzeit an. Wie viele Tage dauert diese?
   25 Tage
   7 Tage
   40 Tage (*)
   100 Tage

Wann beginnt die Fastenzeit?
   Karfreitag
   Aschermittwoch (*)
   Rosenmontag
   Pfingstsamstag

Ostern ist immer...
   im April oder Mai
   im April oder Juni
   im März oder April (*)
   im Februar oder März

Die Osterinseln liegen in welchem Meer/Ozean?
   Pazifik (*)
   Atlantik
   Ostsee
   Nordsee

Warum gibt es eigentlich Ostereier?
   Die Eierfarben stehen in der kath. Kirche für die Osterzeit.
   Sie stehen symbolisch für Fruchtbarkeit. (*)
   In der Osterzeit legen Hennen besonders viele Eier.
   Jesus hat gerne Eier gegessen.

Was feiern wir an Ostern?
   Jesus hat das Osternest gefunden.
   Jesus wurde geboren.
   Jesus ist gestorben.
   Jesus ist auferstanden. (*)

Wie viele Tage dauert die Osterzeit?

3 Tage
5 Tage
50 Tage (*)
77 Tage

Typisch ist ab Ostern in der Kirche welches spezielle Symbol?

Der Osterkranz
Die Osterkerze (*)
Die Osterbanane
Das Osterei

An welchem Tag wird dem letzten Abendmahl gedacht?

Ostersonntag
Karfreitag
Palmsonntag
Gründonnerstag (*)

Welcher Tag ist der höchste Feiertag in der evang. Kirche?

Ostersonntag
Gründonnerstag
Karfreitag (*)
Palmsonntag

Wann wird Palmsonntag gefeiert?

Eine Woche vor dem Ostersonntag (*)
Am Sonntag nach Aschermittwoch
Am ersten Sonntag im März
Eine Woche nach Ostern

Was wird an Palmsonntag gefeiert?

Geburt Jesu
Einzug Jesu in Jerusalem (*)
Letztes Abendmahl
Auferstehung Jesu

Wer verriet Jesu für 30 Silberlinge?
Matthäus
Lukas
Jonas
Judas (*)

Wie viele Aposteln feierten mit Jesu das letzte Abendmahl?
6
12 (*)
8
13

Welche Bedeutung hat die Fußwaschung an Gründonnerstag?
Sie ist ein Symbol der Gastfreundschaft (*)
Sie symbolisiert die Untergebenheit
Sie dient hygienischen Gründen
Sie hat keine Bedeutung

Welche Krone trägt Jesu auf dem Kreuzweg?
Goldene Krone
Dornenkrone (*)
Eisenkrone
Holzkrone

Wann starb Jesu?
Gründonnerstag
Ostersonntag
Karfreitag (*)
Ostersamstag

Wer wälzte laut Evangelium den Stein vor Jesus Grab zur Seite?
Judas
Lukas
Priester
Engel (*)

Wer verurteilte Jesu zum Tode?
Papst Franziskus
Pontius Pilatus (*)
Cesar
Judas

Wie heißt der Kreuzweg in Jerusalem?
Via Dolorosa (*)
Via Gloria
Via Delicio
Via Religio

Welchen Tod starb Jesu?
Steinigung
Tod durch Erhängen
Kreuzigung (*)
Tod durch Erschießung

Wann ist Jesu auferstanden?
Ostermonntag
Karfreitag
Palmsonntag
Ostersonntag (*)

Woher stammt der Name Ostern?
Er leitet sich aus Osten ab, da Jesu im mittleren Osten gelebt hat
Er stammt von der Fruchtbarkeitsgöttin "Eostrae" (*)
Er leitet sich aus dem Ort der Auferstehung ab
Es ist das hebräische Wort für Auferstehung

Mit welchem Feiertag endet die Osterzeit?
Heiligabend
Fronleichnam
Pfingsten (*)
Karfreitag

Weshalb bekam die Osterinsel ihren Namen?
Jesu ist auf der Osterinsel auferstanden
Jesu wurde auf der Osterinsel geboren
Hier ist das Grab Jesu zu besichtigen
Die Insel wurde an einem Ostersonntag entdeckt (*)

Die Fastenzeit dauert 40 Tage, aber von Aschermittwoch bis Ostersonntag sind es 46 Tage. Welchen Grund hat dies?
Die Zeitumstellung ist dafür verantwortlich
Die Sonntage sind keine Fastentage (*)
Der Unterschied liegt mit dem Gregorianischen Kalender zusammen
Es liegt ein Rechenfehler vor

Wieso werden an Ostern Eier gefärbt?
Damit die Kinder sie besser finden können
Die Färbung soll Glück bringen
Sie dienen als Unterscheidung von gekochten und rohen Eiern (*)
Sie sehen schöner aus

Welche Lebensmittel waren früher in der Fastenzeit verboten?
Bier
Teigwaren
Gemüse
Milchprodukte (*)

Weshalb findet Ostern jedes Jahr an einem anderen Tag statt?
Ostern ist am 1. Sonntag nach dem 1. Vollmond im Frühling (*)
Ostern wird an das Schuljahr angepasst
Jedes Jahr entscheidet sich die Kirche für ein neues Datum
Es hängt mit dem gregorianischen Kalender zusammen

Was symbolisiert das Osterlamm?
Die Auferstehung Jesu (*)
Es ist nur ein Werbegag
Es hat keine Bedeutung
Es stammt aus einem Ostermärchen

Weshalb werden an Ostern Ostereier versteckt?

Es ist eine Tradition aus dem Judentum
Papst Gregor hat es im Jahr 1456 eingeführt
Es handelt sich um einen germanischen Brauch (*)
Um Kindern einen Spaß zu bereiten

Welche Bedeutung besitzen Ostermärsche?

Die Menschen spazieren an Ostern in Freien
Die Menschen demonstrieren für Frieden (*)
Der Kreuzweg wird nachgelaufen
Es wird an Ostern eingekauft

Was endet an Pfingsten?

Die Sommerzeit
Die Weihnachtszeit
Die Osterzeit (*)
Die Fastenzeit

Wieso werden am Palmsonntag Palmzweige gesegnet?

Im Frühjahr blühen nur Palmen
Bei Einzug Jesu in Jerusalem wurden Palmzweige ausgelegt (*)
Sie sehen schön aus
Die Kirche hat es im Jahr 1356 festgelegt

Wohin lief Jesu nach seiner Auferstehung?

Rom
Bethlehem
Emmaus (*)
Jerusalem

Was ist das Osterwasser?

Am Ostersonntag gibt es in der Kirche spezielles Wasser
Das geweihte Wasser der Taufe (*)
Es ist Wasser aus dem Mittleren Osten
Es stammt von der Osterinsel

Weshalb wurde Jesu zu Tode verurteilt?

Ihm wurde vorgeworfen sich als "König der Juden" auszugeben (*)

Er wurde des Diebstahls bezichtigt

Ihm wurde Gotteslästerung vorgeworfen

Er wurde mit einem Mord in Verbindung gebracht

Welcher Begriff kann anstatt Fastenzeit verwendet werden?

Osterzeit

Sommerzeit

Faschingszeit

Passionszeit (*)

Welche Farbe ist in der Kirche mit der Fastenzeit verbunden?

Orange

Violett (*)

Grün

Weiß

Welchen Namen besitzt der Gründonnerstag noch?

Greindonnerstag (*)

Keinen anderen

Frühlingsbeginn

Fronleichnam

Wie alt wurde Jesu ungefähr?

Ca. 50 Jahre

Ca. 80 Jahre

Ca. 30 Jahre (*)

Ca. 100 Jahre

Wo wurde Jesu gekreuzigt?

Bethlehem

Jerusalem

Nazareth

Golgotha (*)

An welchem Tag ist Jesu auferstanden?

Am ersten Tag
Am zehnten Tag
Am fünften Tag
Am dritten Tag (*)

Was dürfen Christen am Karfreitag nicht essen?

Brot
Fisch
Fleisch (*)
Butter

Wie heißt die Woche vor Ostern?

Osterwoche
Karwoche (*)
Fastenwoche
Palmwoche

Wer sah den auferstandenen Jesu zuerst?

Apostel Paulus
Apostel Lukas
Maria Magdalena (*)
Pontius Pilatus

Wer zweifelte an der Auferstehung Jesu?

Maria Magdalena
Apostel Judas
Apostel Thomas (*)
Pontius Pilatus

Welche Buchstaben befinden sich auf der Osterkerze?

STU
Alpha und Omega (*)
C+M+B
INRI

Wie heißt der Ostersegen?
Urbi et Orbi (*)
Lumen Christi
Pax
Omnes gentes

Welche Farbe besitzt das Messgewand an Ostern?
Rot
Violett
Grün
Weiß (*)

Halloween

Welches Gemüse wird zu Halloween mit Fratzen verziert?
Zucchinis
Paprikas
Zwiebeln
Kürbisse (*)

An welchem Datum ist Halloween?
31. März
31. Oktober (*)
30. November
31. Dezember

Welchen Spruch sagen englische Kinder an Halloween?
Sweet or Sour
Trick or Treat (*)
Hello or Ween
Gummibears or Chocolate

Welcher Feiertag fällt auf den Tag nach Halloween?
Silvester
Ostern
Allerheiligen (*)
Buß- und Bettag

Aus welcher Bezeichnung leitet sich das Wort Halloween ab?
The Great Hallo
All Hallows Eve (*)
Scary Evening
Sunset Party

Was sammeln Kinder an Halloween von ihren Nachbarn?
Pfandflaschen
Zeitungen
Geldscheine
Süßigkeiten (*)

Welches Reinigungsutensilien verwenden Hexen zum fliegen?
Staubwedel
Besen (*)
Staubsauger
Waschmaschinen

Wie heißt einer der bekanntesten Blutsauger der Welt?
Dracula (*)
Matula
Matlock oder
Erwin

Wie hieß der Doktor, der ein berühmtes Filmmonster erschuf?
Havelland
Bergmeister
Kornhauer
Frankenstein (*)

Wann wurde der erste Halloween Film veröffentlicht?
1975
1978 (*)
1981
1983

Die Zeit von Mitternacht bis 1 Uhr trägt auch welchem Namen?
Schlafenszeit
Lesezeit
Geisterstunde (*)
Spielstunde

Warum verkleideten sich Menschen ursprünglich an Halloween?
Um andere zu erschrecken
Um sich vor bösen Mächten zu schützen (*)
Um die Ernte zu feiern
Um Banken zu überfallen

Welche Wesen machen als Untote Jagd auf Menschen?
Geister
Trolle
Werwölfe
Zombies (*)

Welches Model gibt jährlich einer der bekanntesten Halloween Partys?
Heidi Klum (*)
Claudia Schiffer
Gigi Hadid
Kendall Jenner

Wie werden die gruseligen Kürbislaternen auf Englisch auch genannt?
Michael O'Conner
Jack O'Lantern (*)
Bill O'Bailey
Samuel O'Riley

In welchem Kultfilm spielt Jack Skellington die Hauptrolle?
A Weekend in Paris
The Clock strikes Midnight
The Nightmare before Christmas (*)
The Neverending Story

Wie nennen die Simpsons ihre Halloween Episoden?
Spooky Season
Treehouse of Horror (*)
Happy Halloween
Trick or Treat

Wie heißt der Feiertag, der am 31. Oktober in Deutschland gefeiert wird?
Allerheiligen
Erntedankfest
Tag der Arbeit
Reformationstag (*)

Nach welchem Berg ist die Hexe Bibi Blocksberg benannt?
Brocken (*)
Watzmann
Zugspitze
Fichtelberg

Welche Süßigkeit ist in den USA zu Weihnachten besonders beliebt?
Gummibärchen
Geleebohnen
Candycorn (*)
Apfelchips

Wann verwandeln sich Menschen in Werwölfe?
Am 1. Juli
Bei einer Mondfinsternis
Nach dem Ziehen der Weisheitszähne
Bei Vollmond (*)

Welche Wesen haben angeblich Angst vor Knoblauch?
Vampire (*)
Gremlins
Clowns
Mumien

In welche Monster können sich Mogwais verwandeln?
Werwölfe
Frankenstein
Gremlins (*)
Einhörner

Welche Katzen haben Hexen besonders gerne?
Perserkatzen
Kurzhaarkatzen
Birmakatzen
Schwarze Katzen (*)

Was rufen deutsche Kinder, die von Tür zu Tür gehen?
Hallo, wir sinds
Wo ist der Süßkram
Süßes oder Saures (*)
Geld oder Gutscheine

Wovor müssen sich Menschen, die keine Süßigkeiten schenken in Acht nehmen?
Vor Streichen (*)
Vor schlecht gelaunten Nachbarn
Vor Fußbällen im Garten
Vor Schnecken

Hinter welchen dieser Namen verbirgt sich kein Paarkostüm?
Bonnie und Clyde
Romeo und Julia
Horst und Inge (*)
Tarzan und Jane

Wo ist Graf Dracula Zuhause?
In Thüringen
In Mississippi
In Schottland
In Transsylvanien (*)

Wer ist auch als der freundliche Geist bekannt?
Kasimir
Casper (*)
Konstantin
Charlie

In welchem Kochgefäß bereiten Hexe Zaubertränke zu?
Wasserkocher
Milchtopf
Kessel (*)
Auflaufform

Das heutige Halloween hat seinen Ursprung in welchem Land?
Italien
Japan
Neuseeland
Irland (*)

In welchem Michael Jackson Video spielen Zombies die Hauptrolle?
Black or White
Man in the Mirror
Thriller (*)
Scream

Wer ist nie ohne seine Sense unterwegs?
Käptn Blaubär
Gevatter Tod (*)
Frankenstein
Helge Schneider

Wer erschreckt die Lebenden mit dem Wort Boo?
Geister (*)
Werwölfe
Vampire
Trolle

Stephen King schrieb ein Buch mit dem Titel "Friedhof der ..."?
Teddybären
Babypuppen
Actionfiguren
Kuscheltiere (*)

Wie heißt die gruselige Attraktion im Disneyland?
Space Mountains
Magic Kingdom
Haunted Mansion (*)
Big Thunder Mountain

Welcher Filmcharakter treibt nur an Halloween sein Unwesen?
Michael Myers (*)
Jason Vorhees
Freddy Krüger
Norman Bates

Welches irische Fest weist Parallelen zu Halloween auf?
Seanhain
Samhain (*)
Stevehain
Scotthain

Wem möchte man lieber nicht im Traum begegnen?
Otto Waalkes
Angela Merkel
Mick Jagger
Freddy Krüger (*)

Welche Puppe sollte nicht in die Hände von Kinder gelangen?
Charly
Marty
Chucky (*)
Nicky

Welche zu Halloween beliebten Tiere bilden Netze?
Spinnen (*)
Fledermäuse
Katzen
Raben

Aus welchem Land stammen Mumien?
Belgien
Australien
Ägypten (*)
Argentinien

In welche Tiere sollen sich Vampire verwandeln können?
Fledermäuse (*)
Meerschweinchen
Hunde
Eichhörnchen

Wie heißt das Brett, welches mit Geistern kommuniziert?
Trija
Vija
Ouija (*)
Groja

Welche Einwanderer brachten Halloween nach Amerika?
Schotten
Franzosen
Spanier
Iren (*)

Wie heißt der kleine Vampir mit Namen?
Richard von Steinberg
Rüdiger von Schlotterstein (*)
Rudolf von Marsfelsen
Roman von Findlinghausen

Die Kinder welcher bekannten Familie hießen Pugsley und Wednesday?
Addams Family (*)
Munster Family
Simpsons Family
Frankenstein Family

Wie hieß der Autor des Romans "Dracula"?
Brom Steker
Brim Staker
Brum Stiker
Bram Stoker (*)

Wie heißt Stephen Kings gruseliger Clown?
Er
Sie
Es (*)
Wir

Wie heißt die Hauptdarstellerin der Scream-Filme?
Neve Campbell (*)
Kristen Bell
Sarah Michelle Gellar
Jennifer Love Hewitt

Advent & Weihnachten

Wie heißt der Sonntag vor dem ersten Advent?
Totensonntag (*)
Weißensonntag
Voradvent
ruhiger Sonntag

Was bringen die Heiligen drei Könige an die Krippe?
Gold, Weihrauch und Myrrhe (*)
Hefe, Wasser und Mehl
Münzen, Goldbarren und Schmuck
Salbei, Lavendel und Dukaten

In welchem Land wünscht man "Feliz Navidad"?
Frankreich
Spanien (*)
Niederlande
Dänemark

Wie viele Türchen hat ein Adventskalender?
31
24 (*)
17
100

In welcher Stadt wurde Jesus geboren?
Betlehem (*)
Jerusalem
Israel
Kanaa

Wie heißen die Heiligen drei Könige?
Caspar, Melchior und Balthasar (*)
Abraham, Augustus und Andreas
Daniel, Lukas und Markus
Nikolaus, Matthäus und Joseph

Woran erkennt man das Rentier "Rudolph"?

silberne Hufe
goldene Augen
rote Nase (*)
gelbe Haare

Wem verkünden die Engel die frohe Botschaft der Geburt Jesu?

Bettlern
Gastwirten
Königen
Hirten (*)

Wann feiern orthodoxe Kirchen Weihnachten?

24. Dezember
6. Dezember
6. Januar (*)
31. Dezember

Wann beginnt das evangelische und katholische Kirchenjahr?

4. Advent
1.Advent (*)
Heiligabend
Silvester

Wie viele Kerzen sind auf einem Adventskranz?

4 Kerzen (*)
24 Kerzen
20 Kerzen
31 Kerzen

Welchen Beruf übte der Josef, der Vater von Jesus Christus aus?

Gärtner
Schäfer
Zimmermann (*)
Richter

Wie wird der der zweite Weihnachtsfeiertag, der 26. Dezember, in Großbritannien genannt?

Christmas Day
Boxing Day (*)
Christmas Eve
Father Christmas Day

Wer gilt als Gehilfe des heiligen Nikolaus und züchtigt nicht folgsame Kinder?

Caspar
Knecht Ruprecht (*)
Melchior
Urmel

Aus welchem Land stammt Bischof Nikolaus?

Türkei (*)
Deutschland
Italien
Ägypten

Welche ursprüngliche Bedeutung hat der Begriff Christmette?

Messe an Heiligabend
Der Schmuck des Weihnachtsbaums
Das gesungene Stundengebet zum Weihnachtsfest (*)
Eine Weihnachtsspeise

Wie heißt die Weihnachtslotterie in Spanien?

El Gordo (*)
El Chico
El Nino
El Gran

Aus welcher Region stammen die Räuchermännchen?

Schwarzwald
Harz
Eifel
Erzgebirge (*)

Welche Bedeutung hat Heiligabend für gläubige Christen?

Feier der bevorstehenden Geburt Jesus Christus (*)

Bescherung der Familie

Festessen mit der Familie

Wiederauferstehung von Jesus Christus

Welchen Namen hat der weltbekannte Weihnachtsmarkt in Dresden?

Christkindlesmarkt

Wenzelsmarkt

Striezelmarkt (*)

Lebzeltermarkt

Was bedeutet der Begriff Advent?

Ankunft (*)

Abfahrt

Durchreise

Geburt

Welche Fest feiern Menschen in Dänemark, Schweden und Norwegen am 13.Dezember?

Weihnachten

Nikolaus

Luciafest (*)

Barbaratag

Welcher Brauch wird am Barbaratag, dem 4.Dezember, gepflegt?

Kirschzweige werden geschnitten (*)

Weihnachtsgebäck wird gebacken

Christbaum wird gefällt

Weihnachtskrippe wird aufgebaut

Wie heißt ein bekannter Weihnachtsbaumschmuck?

Silvretta

Lametta (*)

Christmette

Obladen

Wann ist der kürzeste Tag des Jahres auf der Nordhalbkugel?
6. Dezember
24. Dezember
1. Dezember
21. Dezember (*)

Wie heißt der Weihnachtsmann in Italien?
Santa Claus
Nikolaus
Bappo Natale (*)
Papa Noel

Wer gilt als "Erfinder" des Adventskranzes?
Johann Wichern (*)
Papst Benedikt
Kardinal Lehmann
Johannes der Täufer

Wie heißt der Begleiter des Nikolaus in Österreich?
Knecht Ruprecht
Rudolph
Krampus (*)
Karl

Welche Zweige werden traditionell zur Weihnachtszeit aufgehängt?
Tannenzweige
Mistelzweige (*)
Kirschzweige
Kiefernzweige

An welchem Tag wird in Deutschland an die Heiligen drei Könige erinnert?
12. Dezember
3. Januar
6. Januar (*)
5. Dezember

Welcher Autor schrieb "Eine Weihnachtsgeschichte"?

Charles Dickens (*)
Friedrich Schiller
Pablo Picasso
William Shakespeare

Welches Fest feiern Juden anstatt Weihnachten?

Yom Kippur
Passah Fest
Chanukka Fest (*)
Purim

Wer komponierte das weltbekannte Weihnachtslied "Jingle Bells"?

Johannes Brahms
Ludwig van Beethoven
Wolfgang Amadeus Mozart
James Lord Pierpont (*)

Weshalb wird Christmas häufig auch als Xmas bezeichnet?

Kurzschreibweise seit Erfindung des Handys
X steht als Symbol für Jesus Christus (*)
Moderne Schreibweise
Übersetzungsfehler

Wie viele Strophen hat das Weihnachtslied Schneeflöckchen, Weißröckchen?

4 (*)
5
8
6

Wann endet bei den Christen die Weihnachtszeit?

1. Januar
24. Dezember
6. Januar
2. Februar (*)

Welches Ereignis wird an Maria Lichtmess gefeiert?
Wintersonnenwende
Weihung Jesus (*)
Beginn der Fastenzeit
Ankunft der Heiligen drei Könige

Seit wann ist Silvester der letzte Tag des Jahres und nicht Weihnachten?
1250
1874
1582 (*)
1693

Wie heißt der letzte Tag des Jahres?
Silvester (*)
Neujahr
Heiligabend
Maria Lichtmess

Welche Bezeichnung für Lebkuchen ist noch gebräuchlich?
Frikadellen
Obladen
Brötchen
Pfefferkuchen (*)

Welche bekannte Weihnachtsdekoration stammt aus dem Erzgebirge?
Lampion
Schwibbogen (*)
Weihnachtsstern
Adventskranz

Wer bringt in Russland den Kindern die Geschenke?
Nikolaus
Krampus
Väterchen Frost (*)
Christkind

Welche Firma ist für ihren Weihnachtstruck bekannt?
Pepsi
Apple
Tesla
Coca-Cola (*)

Woher stammt die Nordmanntanne ursprünglich?
Schweden
Kaukasus (*)
Norwegen
Russland

Welche Popband hat mit "Last Christmas" einen Welterfolg erreicht?
Beatles
AC/DC
Wham (*)
Backstreet Boys

In welchem Land ist der "Julbock" eine bekannte Weihnachtsdekoration?
Deutschland
Japan
USA
Schweden (*)

In welchem Land brachte früher die Hexe Befana die Geschenke?
Spanien
Italien (*)
Kroatien
Finnland

Welche Bedeutung hat der 1.Advent für Protestanten?
Geburt Jesu
Auferstehung Jesu
Einzug Jesu in Jerusalem (*)
Kreuzigung Jesu

Seit wann wird in Deutschland ein Weihnachtsbaum gestellt?

Seit dem 10. Jahrhundert
Seit dem 13.Jahrhundert
Seit dem 21.Jahrhundert
Seit dem 19.Jahrhundert (*)

Von welchem Komponist stammt das Weihnachtsoratorium?

Wolfang Amadeus Mozart
Johann Sebastian Bach (*)
Richard Wagner
Johannes Brahms